Dr S

ŚWIEŻE SOKI

z warzyw i owoców

mogą uratować
Twoje życie!

MADA

Warszawa 2007

Tytuł oryginału:
Raw Juices Can Save Your Life!
An A-Z Guide to Juicing
2001 – by dr Cabot

Z języka angielskiego przełożyła Natalia Wiśniewska

Projekt okładki i strony tytułowej Pracownia Graficzna M&P Ferenc

Korekta: Ewa Pawlak

Skład i łamanie: Fotoskład Włodzimierz Dudziński (022) 629 64 20

Uwaga!
Wskazówki, pomysły i kuracje opisane w tej książce w żadnym wypadku nie mogą zastąpić opieki wykwalifikowanego specjalisty w dziedzinie zdrowia ani jego bezpośredniego nadzoru. Wszystkie problemy i wątpliwości związane ze zdrowiem wymagają konsultacji medycznej. Jeśli już wcześniej stwierdzono u ciebie jakąkolwiek chorobę albo zaburzenia, musisz zasięgnąć opinii swojego lekarza, zanim skorzystasz z rad zamieszczonych w tej książce. To samo dotyczy osób, które przyjmują jakiekolwiek leki.

Ilustracje w książce Karen Barboutis

ISBN 978-83-89624-48-2

e-mail: mada@life.pl

Spis treści

Dedykacja

Dedykuję tę książkę mojej babci Susannah Dalton, która w 1924 roku przybyła do Australii na statku Barrabool jako czternastoletnia dziewczyna i bardzo późno została matką.

Kilka słów o autorce

Sandra Cabot jest lekarzem. Ma bogate doświadczenie kliniczne w leczeniu pacjentów z zaburzeniami przemiany materii, chronicznymi problemami medycznymi, zaburzeniami czynności wątroby i zaburzeniami hormonalnymi. Współpracuje z innymi lekarzami i ze swoim zespołem naturopatów w Sydney w Australii oraz w Phoenix w Arizonie, w Stanach Zjednoczonych. Dr Sandra Cabot zaczęła interesować się dietetyką w czasach, kiedy była studentką. Została pionierem na polu leczenia holistycznego. W 1975 roku z wyróżnieniem ukończyła studia medyczne na University of Adelaide w Australii Południowej. Na początku lat 80. pracowała jako wolontariuszka w największej misji chrześcijańskiej w północnych Indiach, gdzie opiekowała się tamtejszymi kobietami żyjącymi w ubóstwie.

Często wygłasza seminaria i prowadzi warsztaty w regionalnych oraz krajowych ośrodkach naukowych licznych australijskich miast. Dr Cabot regularnie pojawia się w stacjach radiowych, gdzie wypowiada się jako ekspert w dziedzinie zdrowia. Jej darmowe czasopismo „Ask Dr Sandra Cabot" jest dostępne w sklepach ze zdrową żywnością i wielu aptekach. Pojawia się również w wersji internetowej na stronie **www.sandracabot.com**

Współautorki

Beverly Shamon-Turner

Beverly Shamon-Turner jest wybitną australijską naturopatką, zielarką, dietetyczką i dziennikarką. Pasjonuje ją medycyna naturalna. Dzieli się swoją wiedzą ze studentami, wykładając na wydziałach naturopatii. Wieloletnie doświadczenie i praca badawcza wzbogaciły jej wiedzę oraz rozwinęły umiejętności, a także nauczyły ją rozwiązywać liczne problemy zdrowotne.

Audrey Tea

Niezmordowana Audrey Tea gotuje smaczne i zdrowie posiłki od ponad 50 lat. Przyszła na świat i wychowała się w Adelajdzie w Australii Południowej, gdzie jej talenty kulinarne kusiły tysiące podniebień. Obecnie opracowuje nowe przepisy we współpracy z dr Sandrą Cabot. Stosując się do zasad niezbędnych do zachowania prawidłowej przemiany materii, Audrey potrafi przygotować i ugotować każde danie, od rodzinnego posiłku, poprzez wyśmienitą kolację, szybkie przekąski, po wyszukane przysmaki i delikatesowe słodycze. Przez wiele lat do perfekcji doprowadzała swoje zdolności, a przy tym, pomimo tak wielkiego talentu, pozostała skromna i hojna.

Audrey Tea sama próbuje nowe dania. Musiała wprowadzić wiele zmian do tradycyjnych zachodnich przepisów, które dawniej uważano za zdrowe. Daje nam szansę przekonać się, że to, co zdrowe, może być wyśmienite, a nawet smaczniejsze i bardziej sycące od tradycyjnych posiłków. Udało jej się opracować wielokulturowe potrawy, które wzbogacą twoją dietę o nowe smaki i korzystnie wpłyną na zdrowie.

Miałam to szczęście, że przez wiele lat mogłam rozkoszować się posiłkami Audrey. Żywię nadzieję, że nadal będę otrzymywać od niej smakowite prezenty. Jestem zachwycona, że mogę podzielić się tymi przepisami z tobą i twoją rodziną. Odnajdziesz w nich wiele śmiechu i matczynej troski, podobnie jak w samej Audrey Tea.

Audrey Tea towarzyszy dr Sandrze Cabot podczas wielu seminariów i zawsze jest gotowa odpowiadać na pytania dotyczące zdrowej kuchni oraz układania menu.

Wstęp

Soki z surowych warzyw i owoców mogą ocalić twoje życie

Nie mam co do tego wątpliwości. Zdziałały cuda u wielu moich pacjentów, którzy wcześniej byli niewolnikami niekończących się terapii farmakologicznych. Świeżo wyciskane soki mają potężną moc leczniczą i odmładzającą komórki całego ciała, a zatem pomagają na liczne problemy zdrowotne.

Poznałam leczniczą moc świeżych soków, kiedy byłam bardzo młoda, ponieważ właśnie one uratowały życie mojej babci, Susannah Dalton. W wieku dwudziestu kilku lat zapadła na bardzo ciężką chorobę – kłębuszkowe zapalenie nerek – która objawia się tym, że układ odpornościowy atakuje kanaliki nerek, co z kolei prowadzi do rozległego zapalenia nerek i przedostawania się krwi oraz białka do moczu. Działo się to w latach 30., kiedy nie znano jeszcze skutecznych metod leczenia nerek. Susannah była o krok od śmierci; w szpitalu powiedziano mojemu dziadkowi, że nic więcej nie można zrobić. Na szczęście mój dziadek Harry był dietetykiem, który wyprzedzał swoje czasy. Zabrał babcię do domu i zaczął leczyć ją sokami z surowych warzyw oraz owoców. Co godzinę podawał jej na przemian szklankę świeżego soku z warzyw rosnących nad ziemią i z warzyw rosnących pod ziemią. Zdarzył się cud i w ciągu kolejnych 6 tygodni Susannah zaczęła wracać do zdrowia. Zapalenie minęło, a nerki na powrót zaczęły prawidłowo funkcjonować. Skoncentrowane źródło witamin, minerałów oraz przeciwutleniaczy uspokoiło układ odpornościowy i złagodziło stan zapalny. Susannah Dalton była wspaniałą kobietą i dożyła 78 lat. Dziadek tak bardzo ją kochał, że całe serce i wiele pracy wkładał w przygotowanie soków, choć nie znano wtedy jeszcze urządzeń do ich wyciskania.

Żyjąc w erze technologii, w której komputery diagnozują choroby i przeprowadzają operacje, często nie doceniamy naturalnych terapii.

Trudno uwierzyć, że ta prosta czynność, jaką jest picie świeżych soków, może pomóc w zwalczaniu ciężkich chorób. Mimo to niejednokrotnie byłam świadkiem ich działania w tak zwanych beznadziejnych przypadkach. Organizm z łatwością trawi i wchłania soki. Doskonale nadają się one dla tych, którzy mają kiepski apetyt, często mają mdłości, problemy z trawieniem i stany zapalne żołądka albo jelit. O wiele łatwiej wypić sok, niż przerzuć dużą ilość bogatych w błonnik surowych warzyw, zwłaszcza kiedy odczuwasz zmęczenie i nie masz ochoty na jedzenie.

Współczesna medycyna koncentruje się na leczeniu objawów chorób nieprzyjaznymi dla organizmu lekami. To prawda, że czasem są konieczne, kiedy choroba ma ostry przebieg. Jednak nawet jeśli przyjmujesz leki, to możesz korzystać z dobroczynnych właściwości świeżo wyciskanych soków. Byłam świadkiem, jak wielu moich pacjentów odnosiło zwycięstwo w walce z przewlekłymi chorobami właśnie dzięki tym sokom. A trzeba dodać, że bezskutecznie próbowali wcześniej wielu innych metod leczenia. Ludzie w każdym wieku mogą czerpać korzyści ze świeżych soków, zwłaszcza ci bardzo młodzi i starzy oraz poważnie chorzy na raka, zaburzenia funkcjonowania układu odpornościowego oraz wątroby.

W sokach można rozpuszczać sproszkowane substancje odżywcze, które spotęgują ich leczniczą moc. Organizm szybciej przyswaja substancje odżywcze i zioła w sproszkowanej postaci niż w tabletkach. Wystarczy dodać je do soku, żeby przyśpieszyć ich rozpuszczalność, trawienie i wchłanianie. Sok dostarcza te substancje odżywcze komórkom błon śluzowych jelit w łatwo przyswajalnej postaci. Komórki nie muszą zużywać wówczas tak dużo energii, jak podczas wchłaniania tabletek, co jest bardzo ważne zwłaszcza dla osób z zapaleniem błony śluzowej jelit.

Różne owoce i warzywa można dowolnie ze sobą łączyć, żeby otrzymać przepyszny sok. Różnorodność kolorów i smaków daje wybór, którym nie można się znudzić. Dla tych, którzy potrzebują bodźca do działania, nie ma nic lepszego niż świeży sok każdego dnia. Rozjaśni każdy dzień, dostarczając dodatkową porcję energii i wzmacniając odporność.

Soki nie obciążają jelit

Soki są bogate w żywe enzymy, które wspomagają trawienie, co oznacza, że odciążają jelita, wątrobę i trzustkę. W efekcie wspomniane organy nie muszą tak ciężko pracować, żeby dostarczyć niezbędne do życia substancje odżywcze. Dzięki temu oszczędzasz energię i nie czujesz się ociężale po wypiciu soku. Organizm może wchłonąć nawet do 99% zawartych w nim substancji odżywczych. Żeby przygotować średniej wielkości szklankę soku marchwiowego (250 ml) trzeba zużyć 500 g surowej marchwi. Zjedzenie tylu marchewek na raz mogłoby okazać się trudne, zajęłoby dużo czasu i stanowiłoby zbyt duże obciążenie dla szczęk oraz zębów.

Soki są wyjątkowe, ponieważ dostarczają jelitom skoncentrowane roślinne substancje odżywcze. Normalne ilości owoców i warzyw zjadane każdego dnia nie dają takich samych efektów. Dlatego najlepiej włączyć do diety duże ilości surowych owoców i warzyw, gotowanych warzyw oraz świeżo wyciskanych soków. Jeśli niektóre soki mają dla ciebie zbyt intensywny smak, zawsze możesz rozcieńczyć je wodą albo smakową herbatą ziołową, w zależności od tego, co lubisz. Jeśli nie tolerujesz fruktozy (cukru zawartego w owocach) albo jesteś diabetykiem, lepiej unikaj świeżych soków owocowych i pij wyłącznie warzywne.

Soki zmniejszają kwasowość i obniżają poziom toksyn w organizmie

Wielu ludzi żywi się głównie przetworzonymi produktami spożywczymi i nadużywa herbaty, kawy oraz alkoholu. Dlatego w ich ciałach powstaje mnóstwo kwasów i produktów odpadowych przemiany materii, które mogą wywoływać stany zapalne. Kwasowość w organizmie można zneutralizować, pijąc soki. Sok z selera, ogórka i kapusty doskonale zmniejsza kwasowość. To skuteczny sposób na zrównoważenie pH (przywrócenie równowagi pomiędzy kwasami a zasadami) w organizmie. Dzięki temu znacznie podnosi się poziom energii i poprawia samopoczucie.

Świeże soki pobudzają jelita, wątrobę i nerki, dzięki czemu organizm rozkłada i wydala więcej chemicznych substancji chemicznych oraz produktów odpadowych przemiany materii. Co więcej, poprawiają jakość żółci i zwiększają jej przepływ. To bardzo ważne dla oczyszczania organizmu z toksyn, ponieważ wątroba wydala z organizmu duże ilości toksycznych substancji trujących właśnie razem z żółcią. Niestety, drogi żółciowe niektórych ludzi przypominają „kanały ściekowe" pełne niezdrowych tłuszczów i toksyn. Nic dziwnego, że miliony cierpią z powodu chorób wątroby, woreczka żółciowego i kamieni. Gdyby tylko wiedzieli, jak wielką moc mają świeżo wyciskane soki oraz *Dieta oczyszczająca wątrobę* (książka również wydana przez wydawnictwo Mada), mogliby zachować woreczek żółciowy i wieść zdrowsze życie.

Możesz wypróbować dietę składającą się z samych tylko soków z surowych owoców i warzyw. Jest ona niezwykle skuteczna, a przy tym raczej bezpieczna. Przez 2-3 dni nie wolno jeść nic prócz surowych owoców i warzywa ani pić nic prócz świeżo wyciskanych soków. Diabetykom nie wolno stosować tej diety, ponieważ ich organizm potrzebuje regularnych dostaw białka i złożonych węglowodanów. Niemniej nie oznacza to, że nie mogą korzystać z dobrodziejstw świeżych soków.

Na ziemi żyje wielu chorych ludzi, którzy szukają trwałych rozwiązań swoich problemów zdrowotnych. Niektóre leki stosowane przy leczeniu pospolitych dolegliwości mogą wywoływać tak zwane schorzenia jatrogenne. Na przykład niesteroidowe leki przeciwzapalne mogą uszkadzać żołądek, nerki i wątrobę, jeśli przyjmuje się je przez dłuższy czas. Leki obniżające poziom cholesterolu znane pod nazwą statyny mogą wywoływać groźne choroby mięśni. Niektóre leki używane do obniżenia poziomu cukru we krwi mogą doprowadzić do pojawienia się chorób wątroby.

Mój przyjaciel, który jest instruktorem latania, przez kilka miesięcy przyjmował leki przeciwzapalne, żeby pozbyć się bólu w plecach. Już po kilku tygodniach wpadł w depresję i nie potrafił przypomnieć sobie rzeczy niezbędnych do latania i prowadzenia lekcji instruktażowych. Był nawet skłonny zacząć przyjmować leki na depresję, kiedy poradziłam mu, żeby odstawił leki przeciwzapalne i wypróbował *Dietę oczyszczającą wątrobę* oraz soki ze świeżych owoców i warzyw. W ciągu 2 tygodni odzyskał pamięć i zdolności mentalne. Wrócił do pracy i wykonywał ją tak samo dobrze jak dawniej. Kiedy opowiedział o wszystkim swojemu lekarzowi, ten wyjaśnił, że musiał cierpieć z powodu stresu!

Przyjmowane przez dłuższy czas antybiotyki mogą trwale uszkodzić wątrobę, co często prowadzi do zaburzenia funkcjonowania układu odpornościowego, objawiającego się alergiami i chorobami autoimmunologicznymi. Steroidy, takie jak kortyzon, mogą powodować przybieranie na wadze, nadciśnienie krwi, cukrzycę i osteoporozę. Co więcej, wraz z upływem czasu leki te mogą tracić skuteczność.

Właśnie tego typu problemy utwierdziły mnie w przekonaniu, że chcę być lekarką, która przede wszystkim nie szkodzi pacjentom. I to właśnie z ich powodu zwróciłam się ku dietetyce, która później dała mi tyle satysfakcji.

Częstotliwość występowania otyłości i cukrzycy typu 2 wzrosła trzykrotnie w ostatnich 40 latach. A to wszystko przez to, że nie zwracamy uwagi na naturalne potrzeby naszego ciała. Coraz szybciej przyrządzamy posiłki i prowadzimy coraz mniej aktywny tryb życia. Być może wiesz, że na początku 2000 roku miała w Stanach Zjednoczonych miejsce sytuacja awaryjna. Wprowadzono na rynek lek dla diabetyków obniżający poziom cukru we krwi o nazwie „Rezeulin". Okazało się, że uszkodził on wątroby wielu diabetyków, a w niektórych wypadkach doprowadził nawet do śmierci. Często, kiedy chorujemy, wpadamy w panikę i czym prędzej sięgamy do apteczki albo poddajemy się operacji. Czy możemy zmienić dietę i tryb życia, zmniejszyć stres i poświęcić czas na to, żeby naprawdę się wyleczyć? Tak, możemy zadbać o siebie i nawet jeśli musimy przyjmować leki, picie soków wyciskanych ze świeżych owoców i warzyw jest niezbędne dla naszego zdrowia. Choć są tak ważne, rzadko obdarza się je zaufaniem, na który w pełni zasługują.

Kiedy wykładałam w Nowej Zelandii, poznałam bardzo młodą kobietą z groźną autoimmunologiczną chorobą wątroby. Jej lekarze nie wiedzieli, dlaczego choroba przybrała tak ostrą postać i orzekli, że będzie musiała poddać się operacji przeszczepu wątroby. W dzieciństwie często chorowała na grypę albo była przeziębiona. Dlatego też przez długi czas podawano jej duże dawki antybiotyków, co prawdopodobnie bardzo przyczyniło się do pojawienia się tej tajemniczej choroby. Gdyby tylko jej rodzice nie panikowali i zasięgnęli porady dietetyka oraz immunologa, którzy przyjrzeliby się jej układowi odpornościowemu, razem mogliby kontrolować wiele z tych infekcji za pomocą świeżych soków, zmian nawyków żywieniowych i suplementów substancji odżywczych.

Inna z moich pacjentek zwróciła się do mnie, ponieważ od dawna cierpiała z powodu otyłości, poddała się zabiegowi zmniejszenia żołądka, stosowała liczne modne diety i przyjmowała tony leków hamujących apetyt. W efekcie zaczęła chorować na stłuszczeniową chorobę wątroby, która uniemożliwiała spadek wagi. Przekonałam ją, żeby zaczęła pić soki ze świeżych owoców i warzyw oraz przyjmowała silnie działający środek tonizujący wątrobę. Na szczęście przystała na moją propozycję. Po 12 miesiącach nadal miała otłuszczoną wątrobę, ale schudła 37 kilogramów. W jej przypadku bardzo ważne było, żeby pobudzić wątrobę do spalania tłuszczu. Dzięki sokom organ, który do tej pory przechowywał tłuszcz, zamienił się w organ spalający tłuszcz. Ponadto soki skutecznie hamowały u niej apetyt i dawały jej energię do ćwiczeń.

Jeszcze inna pacjentka skarżyła się na problemy z nadwagą, wysypkę na twarzy i podniesiony poziom enzymów wątrobowych. Początkowo zmagała się z trądzikiem różowatym, przez który miała na twarzy czerwoną wysypkę. Lekarz przepisał jej tetracykliny, które po pewnym czasie uszkodziły jej wątrobę i zamieniły czerwień jej twarzy w jasną purpurę. Żeby zaradzić efektom ubocznym tego leku, lekarz kazał jej odstawić tetracyklinę i przepisał kortyzon oraz leki antyhistaminowe. Kortyzon negatywnie wpłynął na serce, prowadząc do silnych palpitacji, dlatego musiała odstawić wszystkie leki. Była sfrustrowana i w końcu zwróciła się ku naturalnym rozwiązaniom, żeby przywrócić równowagę swojemu organizmowi. Zaleciłam jej soki wspomagające funkcjonowanie wątroby i układu odpornościowego. Po trzech miesiącach wszystkie jej problemy zniknęły jak ręką odjął. Co więcej, sporo straciła na wadze.

Najwyższy czas, żebyśmy zaczęli odkrywać bogactwa dietetyki, dzięki którym będziemy mogli skutecznie zwalczać przyczyny chorób i przywracać do zdrowia chore komórki naszych ciał. Pacjenci zasypują mnie historiami, które bardzo mnie smucą, ponieważ nikt nie proponuje im korzyści, jakie można czerpać ze świeżych soków. Chociaż program kuracji za pomocą świeżych soków może wielu osobom wydawać się nieskomplikowany i niezbyt odkrywczy, naprawdę działa.

Dr Sandra Cabot

Rozdział 1

Urządzenia do wyciskania soków

Każdy powinien mieć w kuchni urządzenie do wyciskania soków. To jeden z najlepszych wynalazków, jakie wymyślono w trosce o twoje zdrowie. Istnieje wiele modeli, które różnią się pod względem funkcji, jakości i ceny.

Sokowirówka

Sieka produkty na małe kawałki, po czym wrzuca je do wirującej miski, w której pulpa zostaje oddzielona od soku. Nie są tak skuteczne jak wyciskarki do soków.

Zalety: łatwo ją wyczyścić
stosunkowo niedroga

Wady: może być bardzo głośna
zapycha się, jeśli wrzucimy do niej zbyt wiele owoców i warzyw naraz
nietrwała
nie wyciska całego soku z owoców i warzyw
(droższe sokowirówki są lepsze)

Rozdrabniarka

Drobi produkty na bardzo małe cząstki i przeciera je przez sito, które oddziela pulpę od soku.

Zalety: trwała (wysokiej jakości części urządzenia)
robi pasty/kremy z orzechów i ziaren
robi beztłuszczowe „lody" z mrożonych owoców
łatwo ją czyścić

wyciska sok ze źdźbeł, takich jak źdźbła zielonej pszenicy
umiarkowana cena
można jej używać do szykowania papek dla dzieci

Wady: ciężka i nieporęczna

Wyciskarka do soków

Prasa hydrauliczna ściska owoce i warzywa, tworząc pastę, a następnie wyciska z niej sok. Pozwala wycisnąć maksymalną ilość soku.

Zalety: trwała (wysokiej jakości części urządzenia)
wyciska sok ze źdźbeł, takich jak źdźbła zielonej pszenicy
to najskuteczniejsze urządzenie do wyciskania soków, ponieważ pozwala wycisnąć cały sok od pulpy

Wady: najdroższe urządzenie do wyciskania soków
nie nadaje się do robienia past/kremów z orzechów i ziaren

Rozdział 2
Ogólne zasady dotyczące wyciskania soków

Jakie składniki zawierają świeże soki?

- Żywe enzymy, które poprawiają trawienie i rozbijają śluz. Enzymy są katalizatorami procesu przemiany materii niezbędnego do trawienia żywności i produkowania energii komórkowej.
- Żywe substancje antybiotyczne, zwalczające infekcje.
- Naturalne substancje przeciwzapalne, które łagodzą ból i redukują uszkadzanie komórek.
- Przeciwutleniacze, takie jak witaminy C, E, flawonoidy, beta-karoten oraz inne karotenoidy, które walczą z rakiem i łagodzą stany zapalne.
- Fitochemikalia, czyli substancje chemiczne zawarte w roślinach, które pomagają na wiele chorób. Zaliczamy do nich: flawonoidy, karotenoidy, terpeny, kumaryny, kapsaicynę, chlorofil, indole, izotycjany, lentinan i izoflawony. W jednym cytrusie znajduje się ponad 170 fitochemikaliów, z których aż 60 ma działanie przeciwzapalne i przeciwrakowe, a także zmniejsza prawdopodobieństwo tworzenia się zakrzepów krwi. Jak do tej pory odkryto ponad 4000 różnych flawonoidów, ale naukowcy twierdzą, że jest ich znacznie więcej. Wyciskanie soków jest skutecznym i tanim sposobem pozyskiwania tych ważnych substancji w żywej postaci.
- Organiczne związki siarki, które usuwają toksyny z trujących substancji chemicznych i leków oraz oczyszczają wątrobę i krwiobieg.
- Minerały, takie jak magnez, potas, wapń, fosfor, żelazo, miedź, cynk, bor i selen.
- Witamina K, która znajduje się w ciemnozielonych warzywach liściastych i wzmacnia kości oraz układ odpornościowy. Ponadto może zmniejszyć krwawienie menstrualne.

- Niektóre soki ze świeżych owoców zawierają duże ilości prostych cukrów, takich jak fruktoza. Jednak nie ma mowy o szkodliwych efektach szybkiego wchłaniania rafinowanych cukrów, ponieważ zapobiegają temu minerały i witaminy.
- Płyn zawarty w roślinach zapobiega odwodnieniu i wspomaga funkcjonowanie nerek.

Które owoce oraz warzywa wybierać i jak je przygotowywać?

- Wybieraj owoce i warzywa, które są świeże oraz ładne, najlepiej w sezonie.
- Dokładnie myj wszystkie owoce oraz warzywa i usuwaj obtłuczone, plamiste albo spleśniałe części. Krój je na kawałki albo w plastry, tak żeby mieściły się do urządzenia do wyciskania soków. Białe włókno, które znajduje się tuż pod grubą warstwą skóry cytrusów, jest bogate w dobroczynne bioflawonoidy, dlatego najlepiej je zachować.
- Owoce, takie jak winogrona, arbuz, melony czy cytrusy można wkładać do urządzenia do wyciskania soków razem ze skórą i pestkami. Pestki papai mają gorzki smak i dlatego najlepiej się ich pozbyć. Duże twarde pestki owoców trzeba usuwać, ponieważ mogą zniszczyć urządzenie do wyciskania soków.
- Nie usuwaj liści ani łodyg warzyw, ponieważ zawierają mnóstwo witamin i minerałów. Tym niemniej, jeśli masz kamienie w nerkach, koniecznie pozbądź się liści i łodyg marchwi, ponieważ zawierają dużo kwasu szczawiowego, który przyśpiesza tworzenie się kamieni.
- Kupuj produkty organiczne, które nie zawierają pestycydów ani substancji owadobójczych. Pozostałe warzywa i owoce dokładnie obieraj, żeby do minimum ograniczyć spożycie toksycznych substancji chemicznych.
- Nie myj zielonych warzyw liściastych w gorącej wodzie, ani nie zostawiaj ich na dłużej w zimnej wodzie, ponieważ mogą stracić ważne minerały.
- Mrożone owoce i warzywa, podobnie jak te przechowywane przez dłuższy czas, nie nadają się do wyciskania.

- Najlepiej wypijaj sok w ciągu godziny od przygotowania, bo inaczej utleni się i skwaśnieje. Tym niemniej sok przygotowany rano można wypić później tego samego dnia, a sok przygotowany wieczorem – następnego dnia rano, pod warunkiem że właściwie je przechowujesz. Pojemnik do przechowywania soków musi być hermetycznie szczelny. To może być plastikowy pojemnik spożywczy albo słoik.
- Niektóre soki, na przykład ze słodkich owoców, buraków cukrowych czy ciemnozielonych warzyw, trzeba rozcieńczać wodą albo herbatą ziołową. Można użyć do tego celu także sok z selera albo jabłek, albo zimne smakowe herbaty ziołowe. Na ogół soki przeznaczone dla dzieci powinny być rozcieńczone, żeby poprawić ich smak i zwiększyć nawodnienie organizmu. Zajrzyj na stronę 153, gdzie znajdziesz specjalnie opracowane przepisy na soki i koktajle. Dzieci pokochają ich smak.
- Do każdego soku możesz dodać niewielką ilość soku z cytrusów, dzięki czemu zachowają naturalny kolor, a zawarte w nich ważne substancje odżywcze nie utlenią się tak szybko.
- Osoby z zespołem nadwrażliwości jelita grubego albo o bardzo wrażliwym żołądku mogą nie tolerować soków otrzymanych z połączenia owoców i warzyw. Zasadniczo, jeśli jesteś jednym z nich, możesz dodawać do soków warzywnych jedynie trochę jabłka albo gruszki (to nie mogą być inne owoce). Również seler dodany do soków owocowych jest dobrze tolerowany przez organizm.
- Jeśli się odchudzasz, pij głównie soki warzywne, ponieważ zawierają mniej kalorii niż owocowe.
- Pulpę, która została po wyciśnięciu soku, możesz dodać do jedzenia dla zwierząt albo do kompostu.
- Urządzenia do wyciskania soków nadają się zarówno do warzyw, jak i owoców.
- Warto kupić specjalną wyciskarkę do cytrusów, ponieważ pozwala wycisnąć z nich więcej soku niż na przykład zwykła sokowirówka.
- Możesz swobodnie eksperymentować z różnymi warzywami i owocami, a być może stworzysz sok, który naładuje cię energią jak żaden inny. Notuj przepisy na wyjątkowo energetyzujące albo smaczne połączenia warzywno-owocowe.

☆ Niektórym osobom stan zdrowia może nie pozwolić skorzystać z dobrodziejstw wszystkich świeżo wyciskanych soków. Mam tutaj na myśli chorych na cukrzycę typu 1 i 2, hipoglikemię oraz infekcje grzybicze. Powinni oni unikać soków owocowych. Mogą natomiast zjadać owoce w całości zgodnie z zaleceniami dietetyka. Tym niemniej nadal mogą zadbać o zdrowie, pijąc soki warzywne. Muszą jednak pamiętać, że spożycie słodszych soków warzywnych, takich jak marchwiowy czy buraczany, nie może być zbyt wysokie.

Czy można zbierać dziko rosnące zioła?

Kiedy spacerujesz po parku albo na wsi, być może ogarnia cię czasem pokusa, żeby zebrać kilka dziko rosnących ziół, które później będzie można wykorzystać podczas przygotowywania soków. Niestety, trzeba rozważyć kilka faktów przemawiających na niekorzyść tego pomysłu.

To smutne, ale odchody zwierzęce, zanieczyszczenia przemysłowe, spaliny samochodowe i środki owadobójcze niszczą rośliny, zwiększając ilości zawartych w nich toksyn. Inny problem wynika z faktu, że niektóre rośliny bardzo łatwo pomylić. A trzeba dodać, że większość roślin ma swoje kopie, które często są trujące, a przynajmniej szkodliwe. Dlatego zdrowy rozsądek podpowiada, że rośliny, takie jak mniszek lekarski, lepiej hodować w ogródku albo doniczce, zamiast zbierać na polu czy w lesie.

Istnieją specjalne szkółki, w których hoduje się zioła na sprzedaż. Można tam kupić sadzonki mniszka lekarskiego albo innych ziół, które potem można zasadzić w ogródku albo w doniczce. Dwie rośliny w zupełności ci wystarczą. A przy tym nie wymagają wiele opieki. Kiedy rośliny zaczną kwitnąć, zerwij pączki, zanim zwiędną i wytworzą nasiona, dzięki czemu zaoszczędzisz sobie kłopotów.

Sok z liści mniszka lekarskiego jest nieocenionym dodatkiem do świeżych soków warzywnych i owocowych, ponieważ zawiera bardzo dużo witamin oraz minerałów, które pomagają w leczeniu licznych dolegliwości. Ponadto mniszek lekarski doskonale tonizuje wątrobę i oczyszcza krew.

Jakie ilości soków są optymalne?

Większość naszych przepisów proponuje takie ilości warzyw i owoców, z których można otrzymać około 250-500 ml soku. Jednak musisz pamiętać, że nie każdy owoc i nie każde warzywo zawiera tyle samo soku, co może wynikać z warunków pogodowych, rodzaju uprawy oraz stopnia świeżości. Dlatego czasem trzeba dodać trochę więcej albo trochę mniej poszczególnych składników, żeby otrzymać pożądaną ilość soku.

Powinno się wypijać maksymalnie $^1/_2$ litra soku dziennie, przy czym pierwszą szklankę należy wypić tuż przed śniadaniem. Resztę soku zamknij w hermetycznie szczelnym pojemniku i przechowuj w lodówce. Żeby dostrzec dobroczynne działanie soków, musisz wypijać co najmniej 500 ml dziennie, chyba że z jakichś powodów nie możesz pozwolić sobie na taką ilość. Soki o intensywnym smaku możesz rozcieńczać wodą albo herbatą ziołową w stosunku 1:1.

Których warzyw i owoców nie należy ze sobą łączyć?

Niektórych owoców i warzyw nie należy ze sobą łączyć, ponieważ pewne roślinne substancje chemiczne wchodzą ze sobą w reakcje, tworząc takie mieszanki, których układ trawienny nie toleruje najlepiej albo które nie smakują zbyt dobrze. Jeśli po wypiciu któregoś z soków źle się poczujesz, zmień ilości składników proponowane w przepisie, tak żeby sok ci smakował albo rozcieńcz go wodą lub zimną herbatą ziołową.

Najlepiej unikać wymienionych poniżej połączeń:

☹ Suszone śliwki nie komponują się z kapustą, cebulą, rzeżuchą ani czosnkiem.

☹ Gruszki i pomidory nie smakują razem najlepiej.

☹ Winogrona mogą powodować wzdęcia w połączeniu z marchwią.

☹ Czosnek i cebula nie smakują dobrze w połączeniu z owocami, z wyjątkiem pomidorów, cytryn oraz pomarańczy.

☹ Figi nie pasują do rzodkiewek.

☹ Jeżyny nie pasują do buraków.

☹ Morele nie pasują do zielonych warzyw ani ziół.

☹ Kapusta, rzeżucha i rzepa nie komponują się z cytryną, pomarańczą ani grejpfrutem.

Rozdział 3

Lecznicze właściwości soków

Nazwa rośliny	Substancje odżywcze i fitochemikalia	Właściwości lecznicze
Ananas	*Witaminy:* B, E i C *Minerały:* wapń, sód, fosfor, potas, chlor i magnez	Działa przeciwzapalnie, a zatem przydaje się w leczeniu zapalenia stawów. Poprawia trawienie białek (zawiera enzymy trawienne, takie jak bromelina). Jest łagodnym środkiem przeczyszczającym i moczopędnym. Usuwa zalegający w drogach oddechowych śluz. Pomaga na zapalenie oskrzeli, astmę, zapalenie zatok i katar. Sprzyja odchudzaniu.
Arbuz	*Witaminy:* B, C i beta--karoten *Minerały:* wapń, żelazo i bardzo dużo potasu	Wspomaga funkcjonowanie nerek i pęcherza. Pestki arbuza rozszerzają naczynia włoskowate, obniżając w ten sposób ciśnienie krwi. Ten orzeźwiający owoc łagodzi uderzenia gorąca i gasi pragnienie. Pomaga na depresję.

Nazwa rośliny	Substancje odżywcze i fitochemikalia	Właściwości lecznicze
Awokado (trudno otrzymać z niego sok, dlatego najlepiej zjadać owoc w całości)	*Witaminy:* C, B i beta--karoten *Minerały:* dużo potasu, wapnia, żelaza i fosforu Olejki dobroczynne dla układu krwionośnego	Znakomity produkt odżywczy zawierający mnóstwo dobroczynnych olejków, witamin i minerałów. Pomaga na wrzody trawienne i zapalenie systemu trawiennego.
Banan (doskonale nadaje się do koktajli)	*Witaminy:* B i C *Minerały:* wapń, sód, magnez i potas	Doskonały dla dzieci i dorosłych z kiepskim apetytem oraz problemami trawiennymi. Ułatwia pracę żołądka i pomaga na choroby, takie jak zapalenie okrężnicy czy choroba Leśniowskiego i Crohna. Dojrzałe banany zapobiegają biegunce. Wysoka zawartość cukru czyni z nich naturalny produkt wysokoenergetyczny. Niedojrzałe, zielone banany nie przynoszą żadnych korzyści.
Brokuły	*Witaminy:* dużo B, C, kwas foliowy i beta--karoten *Minerały:* wapń, żelazo, fosfor, potas i siarka	Świetne dla tych, którzy się odchudzają. Obniżają ciśnienie krwi i pomagają na problemy z wątrobą oraz zaparcia.
Brukselka	*Witaminy:* B, C, kwas foliowy i beta-karoten *Minerały:* fosfor, wapń, żelazo, potas i siarka	Kontroluje poziom insuliny we krwi, a zatem nadaje się dla osób z syndromem X. Działa tonizująco i pomaga na zaparcia, problemy z wątrobą oraz otyłość.

Nazwa rośliny	Substancje odżywcze i fitochemikalia	Właściwości lecznicze
Brzoskwinia	*Witaminy:* B, C i beta-karoten *Minerały:* potas, sód, magnez, wapń, fosfor i żelazo	Dodaje energii. Poprawia cerę. Łagodzi zapalenie żołądka i nerek. Pomaga przy zapaleniu oskrzeli i zaparciach. Nadaje się dla osób z anemią i wysokim ciśnieniem krwi. Wspomaga usuwanie robaków jelitowych.
Burak (możesz wykorzystać również liście, jeśli chcesz)	*Witaminy:* C, B, kwas foliowy i beta-karoten *Minerały:* chlor, mangan, wapń, żelazo, sód, fosfor, potas, chrom i magnez	Doskonale oczyszcza wątrobę, drogi żółciowe i woreczek żółciowy. Pomaga przy leczeniu anemii spowodowanej niedoborem żelaza. Zmniejsza stwardnienie i zatory tętnic (objawy miażdżycy).
Chleb świętojański (*carob*)	*Witaminy:* B i beta-karoten *Minerały:* wapń, żelazo, fosfor, miedź i magnez	Sproszkowanego chleba świętojańskiego można używać zamiast czekolady, tym bardziej że zawiera od niej mniej tłuszczu i kalorii. Do tego nie ma w nim ani trochę kwasu szczawiowego ani kofeiny zawartych w czekoladzie. To doskonałe źródło białka i węglowodanów. Korzystnie wpływa na zdrowie. Pomaga leczyć nieswoistą biegunkę.
Chili (patrz papryka)		

Nazwa rośliny	Substancje odżywcze i fitochemikalia	Właściwości lecznicze
Chrzan	*Witaminy:* B i C *Minerały:* fosfor, wapń, siarka i dużo potasu	Rozpuszcza śluz. Jest naturalnym antybiotykiem i bardzo pomaga przy przeziębieniach, zapaleniach zatok, zapaleniach migdałków, zapaleniach oskrzeli oraz astmie. Pobudza apetyt i przepływ żółci. Można go używać do sałatek albo soków, ale tylko w małych ilościach. Zbyt duże ilości chrzanu podrażniają żołądek.
Cytrusy (patrz pomarańcza, grejpfrut)	*Witaminy:* bardzo dużo witaminy C *Minerały:* potas, magnez, sód, wapń i fosfor Białe włókno zawiera duże ilości cennych bioflawonoidów.	Łagodzą stany zapalne błon śluzowych. Leczą przeziębienia i grypę. Są naturalnymi antybiotykami. Działają przeciwzapalnie i oczyszczająco. Wzmacniają układ odpornościowy i zmniejszają ryzyko zachorowania na raka. Są silnymi przeciwutleniaczami i mają właściwości zapobiegające starzeniu. Zwiększają produkcję kolagenu i poprawiają cerę.

Nazwa rośliny	Substancje odżywcze i fitochemikalia	Właściwości lecznicze
Cytryna (nadaje się jako dressing do sałatek)	*Witaminy:* C i P *Minerały:* potas, magnez i niewielka ilość wapnia	Zmniejsza tendencję do krwotoków, tworzenia się zakrzepów krwi i podnoszenia się ciśnienia krwi. Sok cytrynowy jest silnym rozpuszczalnikiem, dlatego nadaje się dla osób z zapaleniem stawów i podagrą, ponieważ zmniejsza osadzanie się kwasów w stawach. Doskonale oczyszcza wątrobę, jelita i krwiobieg. Przynosi ulgę przy bólu gardła, kaszlu, przeziębieniu, katarze i astmie. Zmniejsza wytwarzanie śluzu nosowego. Osoby z wrzodami trawiennymi powinny unikać cytryn.
Czosnek (a także wszystkie warzywa z rodziny czosnkowatych, takie jak por, cebula, szalotka, dymka i szczypiorek)	*Witaminy:* B i C *Minerały:* selen, fosfor, żelazo, chrom, wapń, magnez i potas Zawiera siarkę organiczną.	Zawiera allicynę, która zwalcza infekcje i obniża poziom cholesterolu LDL. Pomaga zachować zdrowy układ krążenia. Jest naturalnym antybiotykiem. Niszczy pasożyty jelitowe. Wspomaga układ odpornościowy w walce z rakiem.
Daktyle	*Witaminy:* B i E, beta-karoten *Minerały:* wapń, żelazo, siarka i bardzo dużo potasu	Naturalny produkt węglowodanowy, lekkostrawny i przydatny w przypadkach niskiego ciśnienia krwi, stanach nerwowych i przy anemii. Daktyle są doskonałe dla karmiących matek.

Nazwa rośliny	Substancje odżywcze i fitochemikalia	Właściwości lecznicze
Fasolka szparagowa	*Witaminy:* B, C, beta-karoten i kwas foliowy *Minerały:* wapń, żelazo i potas	Według medycyny Wschodu fasola wzmacnia nerki i wątrobę. To doskonałe źródło białka. Ponieważ powoli uwalnia zawartą w niej glukozę, nadaje się dla diabetyków. Pomaga utrzymać cukier we krwi na stabilnym poziomie.
Figi	*Witaminy:* B, E, C i beta-karoten *Minerały:* wapń, żelazo, fosfor, magnez i potas	Figi tworzą środowisko zasadowe i dlatego nadają się dla osób z podagrą i reumatyzmem. Pomagają przy zatwardzeniach i wychudzeniu (u osób, które nie mogą przytyć). Podnoszą ciśnienie krwi. Mają największą zawartość cukru (około 50%) spośród popularnych owoców, dlatego osoby z wysokim poziomem cukru we krwi albo cukrzycą powinny ich unikać.
Granat	*Witaminy:* B i C *Minerały:* sód, potas i magnez	Pomaga zwalczać pasożyty jelitowe, takie jak robaki, ogoniastki, drożdżyca (*candida*) czy ameba. Oczyszcza krew i nerki. Działa niczym łagodny środek przeczyszczający.

Nazwa rośliny	Substancje odżywcze i fitochemikalia	Właściwości lecznicze
Grejpfrut	*Witaminy:* bardzo dużo witaminy C; dodatkowo witaminy B, E, beta-karoten, biotyna i inozytol *Minerały:* wapń, żelazo, fosfor i potas	Pomaga usuwać i rozpuszczać nadmiar wapnia w stawach. Sprawdza się w leczeniu kataru, kamieni żółciowych, otyłości, spowolnionej pracy wątroby, problemów trawiennych i oddechowych oraz problemów ze skórą.
Gruszka	*Witaminy:* B i C *Minerały:* Wapń, żelazo, fosfor, potas, sód i magnez	Zmniejsza kwasowość. Pomaga tym, którzy mają problemy z trawieniem, zespół nadwrażliwości jelita grubego, zatwardzenia albo zapalenie okrężnicy. Doskonała dla tych, którzy nie tolerują salicylanu albo cierpią na alergie pokarmowe.
Guajawa	*Witaminy:* B, C i beta-karoten *Minerały:* wapń, żelazo, potas i fosfor	Pomaga przy problemach trawiennych i biegunce. Poprawia krążenia, zmniejsza katar i łagodzi objawy astmy.
Jabłko	*Witaminy:* B i C *Minerały:* potas, wapń, fosfor, żelazo, krzem i chlor	Zawiera dużo rozpuszczalnego błonnika o nazwie pektyna, który przynosi ulgę jelitom i zmniejsza zaparcia. Przywraca równowagę florze bakteryjnej okrężnicy, zabijając żyjące w niej bakterie pasożytnicze. Pomaga eliminować toksyny przez jelita. Poprawia trawienie. Starte jabłko jest doskonałe na biegunkę u dzieci.

Nazwa rośliny	Substancje odżywcze i fitochemikalia	Właściwości lecznicze
		Zmniejsza kamienie żółciowe i dnawe zapalenie stawów. Rozluźnia stawy i obniża poziom cholesterolu. Jeśli przygotujesz sok z całych jabłek (razem z gniazdami nasiennymi, skórą i miąższem), zwiększysz zawartość minerałów i przeciwutleniaczy.
Jagody	*Witaminy:* B, C i beta-karoten *Minerały:* wapń i potas	Oczyszczają krew i działają antyseptycznie. Pomagają na anemię, biegunkę, zapalenie jelit i problemy ze skórą.
Jeżyny	*Witaminy:* B, C i beta-karoten *Minerały:* wapń, żelazo i potas	Mają ogólne działanie tonizujące i oczyszczające krew. Pomagają przy katarze i zapaleniu jelit, a także przy anemii, zapaleniu stawów oraz zatrzymywaniu płynów w organizmie. Niedojrzałe jeżyny łagodzą objawy przedmiesiączkowe i zmniejszają krwawienie. Herbata z liści jeżyn łagodzi ból gardła.
Kalafior	*Witaminy:* B, C, kwas foliowy i beta-karoten *Minerały:* wapń, żelazo, fosfor, siarka i potas	Doskonale oczyszcza krew i tonizuje wątrobę. Pomaga przy chorobach nerek/pęcherza i na zaparcia.

Nazwa rośliny	Substancje odżywcze i fitochemikalia	Właściwości lecznicze
Kapusta	*Witaminy:* C, B, kwas foliowy i beta-karoten *Minerały:* bardzo dużo siarki i chloru; dodatkowo wapń, potas i jod	Doskonała na wiele problemów trawiennych i jelitowych, takich jak infekcje jelit, pasożyty, owrzodzenie jelit oraz zapalenie okrężnicy. Doskonale tonizuje wątrobę. Zmniejsza kamienie żółciowe. Pomaga na choroby dróg żółciowych. Skutecznie oczyszcza skórę i dlatego nadaje się dla osób z trądzikiem oraz infekcjami skórnymi.
Kelp i inne rośliny morskie, takie jak glony arame, wakame, nori, wodorosty hijiki, rodymenia palczasta itp.	*Witaminy:* B i beta-karoten *Minerały:* wapń, magnez, potas, żelazo, fosfor, jod, selen i cynk	Stanowią doskonałe źródło minerałów i pierwiastków śladowych, których najczęściej nie zawierają jedzone na Zachodzie warzywa. Bogaty skład minerałów czyni z nich dobroczynny produkt dla systemu nerwowego. Wzmacniają układ odpornościowy. Wysoka zawartość minerałów wspomaga przemianę materii i funkcjonowanie tarczycy, dlatego też kelp doskonale nadaje się dla osób, które się odchudzają. Wzmacniają kości. Kwas alginowy, obecny w wielu wodorostach, wiąże się z ciężkimi metalami, takimi jak ołów, rtęć czy kadm i wspomaga ich eliminowanie z organizmu.

Nazwa rośliny	Substancje odżywcze i fitochemikalia	Właściwości lecznicze
Kiełki (to mogą być kiełki fasoli mung, pszenicy, ciecierzycy, soczewicy i fasoli adzuki)	*Witaminy:* B, C, E i beta-karoten *Minerały:* wapń, żelazo, fosfor i potas	Kiełki, nasiona roślin strączkowych i ziarna zawierają dużo łatwo przyswajalnego białka. Chińczycy używają kiełków do oczyszczania organizmu z toksyn i innych szkodliwych substancji.
Kiełki lucerny (*alfalfa*)	*Witaminy:* B, C, E, K, kwas foliowy i beta-karoten *Minerały:* magnez, siarka, chlor, krzem, wapń, żelazo, cynk, sód, potas i fosfor Wysoka zawartość fitoestrogenów	Doskonałe źródło chlorofilu i aminokwasów. Chlorofil ma podobny wzór do wzoru hemoglobiny, dlatego bardzo przydaje się jako budulec czerwonych krwinek. Pomaga na anemię. Chlorofil służy także drogom oddechowym i płucom. Kiełki lucerny sprzyjają odchudzaniu. Wspomagają funkcjonowanie wątroby. Łagodzą objawy menopauzy, ponieważ zawierają duże ilości fitoestrogenów.
Kolendra (nadaje się do sałatek i soków)	*Witaminy:* B, C i kwas foliowy *Minerały:* potas, sód i magnez Aktywnym składnikiem kolendry jest jednoprocentowy olejek eteryczny. Zawiera około 5% popiołu, a także jabłczan, taninę i trochę substancji tłuszczowych.	Olejek eteryczny zawarty w kolendrze wspomaga przepływ żółci i soków trawiennych. Uwalnia gazy i łagodzi skurcze żołądka oraz jelit. Świeża kolendra poprawia apetyt i pomaga na niestrawność. Zielarze cenią kolendrę za to, że przeciwdziała rozstrojom żołądka powstałym

Nazwa rośliny	Substancje odżywcze i fitochemikalia	Właściwości lecznicze
		w wyniku wypicia ziół przeczyszczających i za łagodzenie objawów astmy. Kolendra jest również używana do leczenia kaszlu i dolegliwości pęcherza. To aromatyczne zioło o wspaniałym charakterystycznym smaku.
Koper włoski	*Witaminy:* B, C i beta--karoten *Minerały:* wapń, chrom, kobalt, żelazo, magnez, mangan, fosfor, potas, selen, krzem, sód i cynk	Łagodzi problemy trawienne, pobudza wydzielanie żołądkowe i łagodzi skurcze jelit. Zmniejsza gazy jelitowe, wzdęcia i zatrzymywanie wody w organizmie.
Korzeń imbiru	*Witaminy:* C *Minerały:* miedź, potas, sód, żelazo, wapń, cynk, fosfor i magnez	To naturalny antybiotyk. Zmniejsza niedrożność dróg oddechowych i wytwarzanie śluzu. Zwalcza przeziębienie i grypę. Jest naturalnym lekiem na mdłości i chorobę lokomocyjną. Zapobiega powstawaniu zapalnych prostaglandyn, łagodząc w ten sposób ból towarzyszący zapaleniu stawów. Zapobiega tworzeniu się zakrzepów krwi i obniża poziom cholesterolu LDL.
Korzeń rzepy	*Witaminy:* B, C, E i beta-karoten *Minerały:* wapń, żelazo, fosfor i potas	Oczyszcza wątrobę i drogi żółciowe, ponieważ ma trochę gorzki smak. Najlepiej działa w połączeniu z marchwią albo

Nazwa rośliny	Substancje odżywcze i fitochemikalia	Właściwości lecznicze
		jabłkiem. Pomaga przy niedoczynności tarczycy albo cystach tarczycowych (wole wieloguzkowe).
Liście rzepy	*Witaminy:* B, C, E, K, kwas foliowy i beta-karoten *Minerały:* żelazo, fosfor i bardzo dużo wapnia	Pomagają na anemię, brak apetytu i problemy trawienne. Obniżają ciśnienie krwi, łagodzą objawy podagry i dolegliwości pęcherza. Są doskonałe dla diabetyków. Oczyszczają krew. Zawierają łatwo przyswajalny wapń, dlatego doskonale sprawdzają się przy leczeniu osteoporozy. Wzmacniają kości, paznokcie, zęby i włosy.
Maliny, czarne	*Witaminy:* B i C *Minerały:* żelazo, potas i fosfor	Zwalczają pasożyty jelitowe. Łagodzą skurcze pojawiające się podczas miesiączki.
Maliny, czerwone	*Witaminy:* B, C i beta-karoten *Minerały:* żelazo, potas i fosfor	Zmniejszają zaparcia i obniżają wysokie ciśnienie krwi. Sprzyjają odchudzaniu. Liście malin doskonale leczą biegunkę.
Mango	*Witaminy:* B, C i dużo beta-karotenu *Minerały:* wapń, żelazo, fosfor i magnez	Pomaga przy zapaleniach żołądka i błony śluzowej. Łagodzi stany zapalne dróg oddechowych. Poprawia trawienie. Poprawia wygląd skóry i leczy ją.

Nazwa rośliny	Substancje odżywcze i fitochemikalia	Właściwości lecznicze
Marchew	*Witaminy:* B, C, D, E, K i beta-karoten *Minerały:* wapń, żelazo, fosfor, chrom, magnez, potas, sód, jod, krzem, chlor i siarka	Poprawia zdolność widzenia w ciemnościach i dba o oczy. Jest doskonała na problemy ze skórą. Łagodzi stany zapalne błon śluzowych jelit i dróg oddechowych. Oczyszcza i tonizuje wątrobę. Pomaga przy leczeniu owrzodzenia i stanów zapalnych żołądka oraz jelit. Poprawia witalność i wigor. Zawiera składnik podobny do insuliny, dlatego diabetycy i osoby z syndromem X powinny dodawać ją do soków w niewielkich ilościach. Poprawia jakość mleka z piersi i dba o zdrowie kobiet w ciąży. Jest doskonała dla dorastających dzieci.
Melon cantaloupe	*Witaminy:* B, C i beta-karoten *Minerały:* wapń i potas	Pomaga na stany gorączkowe, wysokie ciśnienie krwi, zaparcia, zapalenie stawów, gazy jelitowe/zatrzymywanie wody w organizmie i problemy z nerkami/pęcherzem.
Melon miodowy	*Witaminy:* B, C i beta-karoten *Minerały:* wapń, fosfor, potas i żelazo	To doskonały środek moczopędny. Przydatny przy leczeniu problemów z nerkami i pęcherzem. Łagodzi dolegliwości reumatyczne i skórne. Pomaga przy odchudzaniu.

Nazwa rośliny	Substancje odżywcze i fitochemikalia	Właściwości lecznicze
Mleczko migdałowe (żeby je otrzymać, trzeba zmiksować całe migdały z wodą, a następnie odcedzić wodę)	*Witaminy:* B i C *Minerały:* wapń, żelazo, fosfor, potas, magnez i siarka Aminokwasy	Wspomaga układ nerwowy. Wzmacnia mięśnie i przyśpiesza przyrost masy mięśniowej. Stanowi doskonałe źródło wapnia dla zębów i kości.
Mniszek lekarski	*Witaminy:* dużo beta-karotenu, kwasu foliowego, witaminy B i sporo witaminy C *Minerały:* sód i dużo potasu, wapnia, żelaza oraz magnezu	Oczyszcza wątrobę i drogi żółciowe. Pobudza przepływ żółci i pomaga przy dolegliwościach wątroby. Tonizuje cały organizm, pomagając na anemię i niedożywienie. Jest również dobrym budulcem. Doskonale sprawdza się w leczeniu zapalenia stawów i reumatyzmu, ponieważ przywraca równowagę kwasowo-zasadową w organizmie. Sok należy przygotowywać ze świeżych liści rośliny.
Morela	*Witaminy:* B, C i beta-karoten *Minerały:* sód, wapń, potas, żelazo, magnez i fosfor	Doskonała na problemy ze skórą. Oczyszcza krew i pomaga w leczeniu anemii. Przydaje się przy chorobach zapalnych jelit. Zmniejsza kwasowość. Pomaga na przewlekły kaszel i astmę.
Nektarynka	*Witaminy:* C i beta-karoten *Minerały:* wapń, żelazo i fosfor	Poprawia trawienie. Pomaga przy zapaleniu oskrzeli, astmie, reumatyzmie i nadciśnieniu. Zmniejsza cysty.

Nazwa rośliny	Substancje odżywcze i fitochemikalia	Właściwości lecznicze
Ogórek	*Witaminy:* B, C i beta--karoten *Minerały:* sód, krzem, mangan, siarka, potas, wapń, fosfor, chlor i magnez	Ma właściwości moczopędne, przez co zmniejsza zatrzymywanie płynów w organizmie. Działa przeciwzapalnie na układ moczowy, dziąsła i skórę. Wysoka zawartość krzemu jest dobroczynna dla włosów, paznokci i skóry. Zapobiega wypadaniu włosów. Dzięki zawartym w nim enzymom poprawia trawienie białka. Wysoki poziom potasu pomaga obniżać ciśnienie krwi. Zmniejsza kwasowość i dlatego nadaje się dla osób z zapaleniem stawów oraz reumatyzmem. Zmniejsza kamienie w nerkach.
Orzech kokosowy	*Witaminy:* B, C i E *Minerały:* wapń, fosfor, potas i żelazo	Mleczko kokosowe łagodzi ból gardła i pomaga leczyć wrzody trawienne. Miąższ zawiera naturalny cholesterol, który organizm może wykorzystać do produkcji hormonów i błon komórek. Stanowi doskonałe źródło białka. Mleczko kokosowe to doskonała alternatywa dla mleka, jeśli chcesz przygotować bezmleczny koktajl z owocami i/albo olejem lnianym. Smakuje wszystkim bez względu na wiek.

Nazwa rośliny	Substancje odżywcze i fitochemikalia	Właściwości lecznicze
Owoce miękkie patrz jeżyny, jagody, maliny, truskawki	*Witaminy:* C i beta-karoten *Minerały:* potas, wapń i żelazo	Doskonale tonizują cały organizm i oczyszczają skórę. Mają łagodne działanie oczyszczające i moczopędne. Poprawiają funkcjonowanie nerek.
Papaja	*Witaminy:* B, dużo C i beta-karotenu *Minerały:* fosfor, potas, żelazo i wapń	Zawiera enzym trawienny o nazwie papaina, który poprawia trawienie. Oczyszcza i tonizuje żołądek oraz jelita. Pomaga na owrzodzenie jelit. Zmniejsza tendencję krwi do tworzenia zakrzepów.
Papryka, ostra (*chili*) Istnieje ponad 200 odmian chili, od bardzo łagodnych po piekielnie ostre. Czerwone chili nie zawsze są bardziej pikantne od zielonych, ale zwykle są bardziej dojrzałe.	*Witaminy:* E, bardzo dużo C, beta-karoten i kwas foliowy *Minerały:* potas, magnez, sód i selen	Pikantność chili bierze się stąd, że zawiera ona kapsaicynę, która znajduje się w pestkach, białych błonach i miąższu. Kapsaicyna może blokować aktywację substancji chemicznych wywołujących raka. Chili pobudza mózg do uwalniania endorfiny, która poprawia nastrój. Chili jest silnym środkiem udrożniającym górne drogi oddechowe i łagodzi problemy z zatokami oraz katar. Poprawia krążenie i przyśpiesza przemianę materii, sprzyjając odchudzaniu. W dużych ilościach chili może podrażniać nabłonek jelitowy i żołądek. Osoby z problemami trawiennymi/jelitowymi powinny zachować umiar.

Nazwa rośliny	Substancje odżywcze i fitochemikalia	Właściwości lecznicze
Papryka, słodka (zielona, czerwona, pomarańczowa, żółta i purpurowa, należące do rodziny pieprzowców). Organizm wolniej trawi zieloną paprykę, ponieważ jest mniej dojrzała. Jeśli chcesz wydobyć z papryki słodki smak, podpiecz ją albo przygotuj na grillu.	*Witaminy:* B, dużo C, beta-karoten i kwas foliowy *Minerały:* potas, krzem, żelazo, wapń, fosfor i magnez	Oczyszcza jelita i wątrobę. Dzięki wysokiej zawartości przeciwutleniaczy poprawia krążenie i wzrok.
Pietruszka	*Witaminy:* B, dużo C i kwas foliowy *Minerały:* sód, wapń, potas, fosfor, miedź, mangan, dużo żelaza i chlorofilu	Doskonale oczyszcza wątrobę, nerki i krwiobieg. Zmniejsza kamienie żółciowe i nerkowe. Pomaga przy zapaleniu stawów i infekcjach układu moczowego. Pozwala zachować zdrowe naczynia krwionośne i oczy.
Pomidor	*Witaminy:* B, C i K *Minerały:* potas, wapń, żelazo, fosfor i jod Karoteny, w tym likopen, zwalczają komórki rakowe.	Oczyszcza wątrobę i drogi żółciowe. Dzięki właściwościom antyseptycznym zmniejsza infekcje. Obniża wysokie ciśnienie krwi. Pomaga na podagrę i problemy z nerkami/pęcherzem. Zawiera kwas nikotynowy, który pomaga obniżać poziom cholesterolu. Najlepsze są pomidory organiczne albo dojrzałe w słońcu.

Nazwa rośliny	Substancje odżywcze i fitochemikalia	Właściwości lecznicze
Rabarbar	*Witaminy:* B, C i beta-karoten *Minerały:* wapń, żelazo, fosfor, potas i sód	Poprawia przepływ śliny, żółci i soków trawiennych. Wspomaga pracę mięśni jelita grubego i jelita cienkiego. Zabija pasożyty jelitowe i zmniejsza zatwardzenia. Jego korzyści zdrowotne są najbardziej widoczne, kiedy je się go na surowo i w bardzo małych ilościach. Rabarbar zawiera dużo kwasu szczawiowego i dlatego osoby cierpiące na zapalenie stawów i kamienie nerkowe powinny go unikać. Nie powinno się jeść liści, ponieważ mogą być toksyczne.
Rodzynki	*Witaminy:* B i beta-karoten *Minerały:* wapń, fosfor, żelazo i potas	Wzmacniają cały organizm. Pomagają przy zatwardzeniach, anemii i zmęczeniu.
Rzeżucha	*Witaminy:* B, E, C, kwas foliowy i beta-karoten *Minerały:* bardzo dużo siarki, wapń, żelazo, sód, magnez, fosfor, chlor, potas i jod	Doskonale oczyszcza wątrobę, drogi żółciowe i woreczek żółciowy. Wspomaga funkcjonowanie nerek i zmniejsza zatrzymywanie płynów w organizmie. Oczyszcza skórę. Pomaga przy zapaleniu stawów i podagrze. Najlepiej mieszać ją z innymi owocami i warzywami.

Nazwa rośliny	Substancje odżywcze i fitochemikalia	Właściwości lecznicze
Rzodkiewka z liśćmi Istnieje kilka odmian: okrągła rubinowa, dłuższa z białymi czubkami, chińska itp.	*Witaminy:* B, C, kwas foliowy i beta-karoten *Minerały:* wapń, żelazo, fosfor, krzem, sód, potas, magnez, jod i chlor	Doskonale oczyszcza wątrobę i drogi żółciowe. Zmniejsza kamienie żółciowe i nerkowe. To doskonały środek moczopędny i naturalny antybiotyk. Usuwa śluz z dróg oddechowych i zmniejsza problemy z zatokami oraz katar sienny. Jest doskonała na wole. Wzmacnia włosy, paznokcie i zęby.
Sałata	*Witaminy:* B, C i kwas foliowy *Minerały:* wapń, krzem, potas, fosfor, siarka, jod, żelazo i magnez	Działa chłodząco i moczopędnie. Zmniejsza kwasowość i w ten sposób pomaga przy zapaleniu stawów oraz zapaleniu pęcherza moczowego. Zawiera naturalny środek uspokajający o nazwie *lactucarium*, podobnie jak magnez, który reguluje system nerwowy i poprawia sen.
Seler	*Witaminy:* B i C *Minerały:* wapń, żelazo, fosfor, potas, magnez, sód, żelazo i siarka	Zmniejsza kwasowość, z związku z czym pomaga na zapalenie stawów, podagrę i toksyczność. Doskonale radzi sobie z kwasowością żołądka i refluksem. Jest naturalnym środkiem moczopędnym, a zatem zmniejsza zatrzymywanie płynów w organizmie. Reguluje system nerwowy. Pomaga równoważyć poziom pH krwi (równowaga

Nazwa rośliny	Substancje odżywcze i fitochemikalia	Właściwości lecznicze
		kwasowo-zasadowa). Sprawdza się podczas odchudzania, ponieważ osłabia łaknienie słodyczy. Nadaje się dla osób cierpiących z powodu bezsenności, problemów z nerkami/pęcherzem i zaparć. Pamiętaj, żeby kroić seler na krótkie kawałki (o długości 2,5 cm), aby żadne długie włókna nie wkręciły się w sokowirówkę.
Szparagi	*Witaminy:* B, C, kwas foliowy i beta-karoten *Minerały:* wapń, żelazo, fosfor, potas i magnez	Sok ze szparagów pomaga rozbijać kryształki kwasu szczawiowego w nerkach i tkance mięśniowej. A zatem jest dobry na bóle reumatyczne i zapalenie stawów. Zmniejsza kamienie w nerkach.
Szpinak	*Witaminy:* B, C, K, cholina, inozytol, kwas foliowy i beta-karoten *Minerały:* żelazo, jod, wapń, fosfor, potas i siarka	Leczy nabłonek przewodu pokarmowego. Poprawia wzrok. Zmniejsza bóle artretyczne. Dzięki cholinie i inozytolowi pozwala zachować zdrowe naczynia krwionośne. Wspomaga funkcjonowanie nerek i wątroby. Nadaje się dla anemików. Zmniejsza obfite miesiączki, zmęczenie i zaparcia.

Nazwa rośliny	Substancje odżywcze i fitochemikalia	Właściwości lecznicze
Śliwki	*Witaminy:* B, C i beta-karoten *Minerały:* wapń, żelazo, fosfor i potas	Pomagają na anemię i niskie ciśnienie krwi. Zmniejszają zaparcia i wzdęcia. Łagodzą ból gardła. Ci, którzy cierpią na hemoroidy, mogą skorzystać na jedzeniu świeżych albo suszonych śliwek i piciu soku śliwkowego.
Truskawki	*Witaminy:* B, C i beta-karoten *Minerały:* potas, wapń, żelazo i fosfor	Doskonale oczyszczają skórę. Są łagodnym środkiem przeczyszczającym i moczopędnym. Pomagają osobom z nadciśnieniem, podagrą i reumatyzmem.
Winogrona	*Witaminy:* B, C i beta-karoten *Minerały:* fosfor, żelazo, wapń i potas Pektyna	Dodają energii. Mają właściwości przeczyszczające i moczopędne. Pomagają na anemię i choroby krwi. Łagodzą stany zapalne stawów. Wspomagają funkcjonowanie skóry, nerek i wątroby. Pomagają wydalać kwas z organizmu. Poprawiają cerę. Pamiętaj, żeby przechowywać winogrona w lodówce. Do przygotowania soku wykorzystaj całe winogrona (razem ze skórą i pestkami).
Wiśnie	*Witaminy:* B, C i beta-karoten *Minerały:* fosfor, potas i żelazo	Oczyszczają krew. Pomagają na anemię, reumatyzm, astmę, nadciśnienie, zaparcia i skurcze. Mają niski

Nazwa rośliny	Substancje odżywcze i fitochemikalia	Właściwości lecznicze
	Ciemniejsze wiśnie zawierają więcej magnezu, żelaza i krzemu.	indeks glikemiczny (IG), dzięki czemu nadają się dla osób z syndromem X i cukrzycą.
Zielona pszenica	*Witaminy:* B, C, E, K, kwas foliowy, B_{17} i beta-karoten *Minerały:* wapń, cynk, potas, fosfor, sód, siarka i kobalt Zawiera bardzo dużo chlorofilu.	Ma potężne działanie oczyszczające. Usuwa toksyny z krwi i wątroby. Wzmacnia układ odpornościowy. Obniża ciśnienie krwi i dodaje energii. Przeciwdziała efektom starzeniu.
Ziemniak, słodki	*Witaminy:* B, C i bardzo dużo beta--karotenu *Minerały:* wapń, żelazo, fosfor, potas, krzem, chlor i sód	Wzmacnia cały organizm. Jest lekkostrawny i wpływa łagodząco na wrzody żołądka oraz zapalenie okrężnicy. Pomaga na biegunkę i hemoroidy.
Ziemniak, zwykły Istnieją tysiące odmian ziemniaków. Wykrawaj z nich zielone miejsca, ponieważ zawierają toksyny o nazwie solaniny.	*Witaminy:* B i C *Minerały:* żelazo, potas i fosfor	To doskonałe źródło energii, ponieważ zawiera dużo białka, złożonych węglowodanów i błonnika. Wpływa łagodząco na żołądek i jelita.
Żurawina	*Witamina:* C, B i beta--karoten *Minerały:* sód, potas, miedź, wapń, mangan, fosfor, żelazo, cynk, magnez i siarka	Ma właściwości antyseptyczne i zawiera kwasy benzoesowy oraz chinowy, które łagodzą infekcje układu moczowego. Doskonale oczyszcza i tonizuje skórę. Nie dodawaj cukru do żurawiny, ponieważ zacznie produkować kwas.

Przydatne wskazówki:

- Soki można przygotowywać wedle upodobań.
- Jeśli twój organizm nie toleruje niektórych warzyw lub owoców albo masz na nie uczulenie, możesz z nich zrezygnować.
- Jeśli nie odpowiada ci smak, zamień owoce albo warzywa na inne, dowolnie przez ciebie wybrane.

Jeśli którykolwiek ze składników soku, taki jak chrzan, czosnek, cebula, imbir, rzodkiew itp. wywołuje u ciebie problemy trawienne albo żołądkowe, możesz:

- zmniejszyć ilości (nie martw się, bo nawet bardzo mała ilość może zdziałać cuda),
- pić soki tuż przed posiłkami,
- rozcieńczyć sok wodą, herbatą ziołową albo smakową herbatą ziołową.

Przebarwienie skóry

Wiele owoców i warzyw używanych do robienia soków zawiera duże ilości beta-karotenu, dobroczynnej roślinnej substancji chemicznej. Beta-karoten jest silnym przeciwutleniaczem, który zmniejsza ryzyko zachorowania na wiele rodzajów raka. Kiedy w organizmie wzrasta poziom beta-karotenu, skóra może delikatnie pożółknąć albo zbrązowieć. Proces ten widać wyraźniej na jasnych częściach ciała, takich jak wewnętrzna część rąk i dłonie. Nie ma się czym martwić, ponieważ nie ma to nic wspólnego z toksycznością witaminy A. Beta-karoten nie zostanie zamieniony w witaminę A, jeśli organizm nie będzie jej potrzebował. Zatem wysoki poziom beta-karotenu w organizmie nie doprowadzi do toksyczności witaminy A, a jedynie zmniejszy ryzyko zachorowania na raka i nada skórze zdrowy wygląd.

Rozdział 4

ABC leczniczych soków na różne choroby

Alergie

Alergie mogą mieć różne objawy, takie jak:

- astma i ataki kaszlu,
- problemy z zatokami i katar sienny,
- czerwone swędzące i zapuchnięte oczy, często załzawione,
- wysypka skórna,
- swędzenie całego ciała albo gardła,
- pokrzywka,
- ostre reakcje zagrażające życiu znane jako „reakcje anafilaktyczne”, wymagające nagłej interwencji medycznej.

Przyczyny alergii:

- czynniki dziedziczne – mają decydujące znaczenie; często w jednej rodzinie jest kilku alergików,
- częste przyjmowanie leków, zwłaszcza antybiotyków,
- niepożądane reakcje na leki,
- nadwrażliwość na unoszące się w powietrzu pyłki kwiatowe i zanieczyszczenia,
- nadwrażliwość na dodatki do jedzenia albo substancje zanieczyszczające, takie jak pestycydy, barwniki, aromaty i konserwanty,
- infekcje grzybicze albo bakteryjne, które mogą osłabić układ odpornościowy i doprowadzić do wystąpienia zespołu przeciekającego jelita,
- zaburzenia funkcjonowania układu odpornościowego towarzyszące chorobom autoimmunologicznym,
- zaburzenia funkcjonowania wątroby, do których dochodzi w wyniku nadmiernego obciążenia układu odpornościowego.

Sok antyalergiczny nr 1

- ✔ 1 rzodkiewka
- ✔ 1 ząbek czosnku albo $^1/_2$ czerwonej cebuli
- ✔ 1 marchew
- ✔ 1 gruszka
- ✔ 2 liście kapusty

Sok antyalergiczny nr 2

- ✔ $^1/_4$ średniego ananasa
- ✔ 1 czerwona papryczka chili (niekoniecznie)
- ✔ 1 czerwona albo zielona papryka
- ✔ 1 gruszka

Sok antyalergiczny nr 3

- ✔ 1 cm świeżego korzenia imbiru
- ✔ 1 jabłko
- ✔ 1 marchew
- ✔ 2 liście mniszka lekarskiego albo kapusty
- ✔ $^1/_2$ czerwonej cebuli

Umyj wszystkie składniki, oczyść i usuń uszkodzone kawałki. Pokrój na kawałki, które zmieszczą się do sokowirówki. Przygotuj sok. Jeśli uznasz, że te soki są za ostre albo zbyt intensywne, możesz rozcieńczyć je wodą albo zimną ziołową herbatą smakową.

Koktajl antyalergiczny

- ✔ 1 szklanka mleka ryżowego, migdałowego albo kokosowego
- ✔ 1 dojrzały banan
- ✔ 1 gruszka
- ✔ 1 łyżka oleju lnianego tłoczonego na zimno
- ✔ 1 łyżka świeżo zmielonego siemienia lnianego (użyj do tego celu robota kuchennego albo młynka do kawy)
- ✔ szczypta zmielonej gałki muszkatołowej

Włóż wszystkie składniki do pojemnika robota kuchennego i miksuj na gładką masę. Posyp gałką muszkatołową.

Przydatne wskazówki:

- Alergicy docenią produkty organiczne, ponieważ nie zawierają one pestycydów ani dodatków mogących zaostrzyć objawy alergii.
- Selen i cynk łagodzą stany zapalne.
- Warto zwiększyć spożycie nienasyconych kwasów tłuszczowych zawartych między innymi w oleju lnianym, oliwie z oliwek i tłustych rybach.
- Ważne suplementy to: czosnek i chrzan w tabletkach, witamina C, bioflawonoidy, siarka organiczna, taka jak sproszkowany metylosulfonylometan (MSM).
- Alergicy nie powinni przez dłuższy czas przyjmować *Echinacei* (jeżówki).
- Produkty spożywcze przyjazne dla wątroby, takie jak karczochy, rośliny oleiste (kalafior, kapusta, brokuły i brukselka) czy jajka również są wskazane, pod warunkiem, że nie masz na nie uczulenia.

Anemia

Główną funkcją czerwonych krwinek jest przenoszenie tlenu z płuc do tkanek i odbieranie stamtąd dwutlenku węgla. Zawierają one białko o nazwie hemoglobina, mające żelazo. Jeśli często odczuwasz zmęczenie, być może w twoim ciele znajduje się za mało hemoglobiny. Jeśli to prawda, podczas wysiłku możesz mieć problemy ze złapaniem oddechu, ponieważ brakuje ci tlenu, a w komórkach gromadzi się zbyt dużo dwutlenku węgla. Ciężkie przypadki anemii mogą prowadzić do skrajnego wyczerpania.

Zwiększone zapotrzebowanie na żelazo pojawia się u kobiet w czasie ciąży i w okresie karmienia piersią, u dzieci w okresie najszybszego wzrostu, osób starszych z problemami trawiennymi, miesiączkujących kobiet oraz u nastolatek. Kobiety podczas miesiączki są wyjątkowo podatne na anemię, ponieważ tracą dużo krwi. Anemia może pojawić się również w wyniku utraty krwi z innych powodów albo nieprzyswajania żelaza przez organizm. Może być też skutkiem niewystarczającej produkcji czerwonych krwinek w szpiku kostnym w wyniku złego odżywiania, przyjmowania niektórych leków albo przewlekłych chorób. Co więcej, może pojawiać się w konsekwencji chorób i infekcji, które niszczą czerwone krwinki, takich jak malaria, niepożądanych reakcji na niektóre leki i niedokrwistości hemolitycznej często towarzyszącej chorobom autoimmunologicznym. Czerwone krwinki, które mają nieprawidłowy kształt (na przykład przy sferocytozie) albo zawierają nieprawidłową hemoglobinę (na przykład przy talasemii), łatwo ulegają zniszczeniu, co może prowadzić do anemii. Również weganie znajdują się w grupie podwyższonego ryzyka zachorowania na anemię z powodu niedoboru żelaza i/lub witaminy B_{12}.

Sok poprawiający jakość krwi

- ✔ 1 gałązka natki pietruszki
- ✔ 1 mały burak z łodygą i liśćmi
- ✔ 1 średnia marchew
- ✔ 3 małe liście szpinaku/boćwiny
- ✔ $^1/_2$ szklanki zielonej pszenicy (dostępnej w supermarketach w dziale z owocami i warzywami)
- ✔ 2 liście mniszka lekarskiego albo rzepy
- ✔ $^1/_4$ szklanki jeżyn albo malin
- ✔ 1 łyżeczka sproszkowanych wodorostów morskich

Umyj, oczyść, posiekaj i włóż wszystkie składniki do sokowirówki. Rozcieńcz sok, jeśli chcesz.

Zielone warzywa liściaste zaproponowane w powyższym przepisie pomagają na każdy rodzaj anemii, ponieważ zawierają cząsteczki chlorofilu bardzo podobne do cząsteczek hemoglobiny. Ponadto mają dużo żelaza i witaminy K.

Przydatne wskazówki:

- Dobry suplement witamin i minerałów powinien zawierać żelazo, witaminę C, kwas foliowy, witaminę B_{12}, miedź i witaminę E.
- Suplementy nasyconych kwasów tłuszczowych powinny zawierać olej lniany, olej z wiesiołka i lecytynę. Takie połączenie wzmacnia czerwone krwinki.

Astma

Do astmy dochodzi w wyniku:

- ściskania się (kurczenia) oskrzeli,
- nadmiaru śluzu wydzielanego w oskrzelach.

Zaburzenia te prowadzą do zwężania dróg oddechowych, w efekcie którego ilość powietrza przedostającego się do płuc zostaje ograniczona.

Astmę wywołuje zbyt silna reakcja oskrzeli na:

- unoszące się w powietrzu zanieczyszczenia, dym i pyłki roślin,
- infekcje wirusowe dróg oddechowych,
- alergie pokarmowe,
- stres,
- nagłe zmiany temperatury,
- wzmożoną aktywność fizyczną,
- zaburzenia immunologiczne powstałe w wyniku złego odżywiania.

Objawy astmy:

- krótki i przyśpieszony oddech,
- kaszel i świszczący oddech,
- niepokój i nerwowość.

Astma jest niebezpieczna, ponieważ płuca mogą bardzo szybko tracić zdolność do efektywnej pracy, nie wytwarzając przy tym charakterystycznych świszczących dźwięków. Dlatego tak ważne jest, żeby astmatycy regularnie badali płuca za pomocą urządzenia do pomiaru szczytowego przepływu wydechowego, dostępnego w aptekach. Lekarz powinien udzielić ci wskazówek, jak z niego korzystać. Dokonywanie takich pomiarów jest szczególnie ważne u dzieci, u których ataki astmy mogą być śmiertelne.

Sok dla astmatyków

- ✔ 1 marchew
- ✔ 1 pomarańcza albo $^{1}/_{2}$ grejpfruta
- ✔ 5 mm świeżego korzenia imbiru
- ✔ 1 ząbek czosnku albo $^{1}/_{2}$ czerwonej cebuli
- ✔ 2 liście kapusty
- ✔ 1 plaster ananasa o grubości 10 cm

Jeśli chcesz, żeby sok był słodszy, możesz dodać 1 jabłko albo 1 gruszkę. Umyj, oczyść i posiekaj wszystkie składniki. Włóż do sokowirówki i przygotuj sok.

Sok dla astmatyków łagodzi stany zapalne płuc, zmniejsza wydzielanie śluzu i wzmacnia układ odpornościowy. Sok z naturalnymi antybiotykami (patrz strona 86) również nadaje się dla astmatyków, którzy często walczą z infekcjami dróg oddechowych.

Przydatne wskazówki:

- Pomocne suplementy to magnez w tabletkach, selen, cynk, witamina C i bioflawonoidy.
- Zalecana dawka sproszkowanego MSM to $^{1}/_{2}$ łyżeczki raz albo dwa razy dziennie. Można go dodawać do soku.
- Warto zwiększyć spożycie nienasyconych kwasów tłuszczowych zawartych w oleju lnianym tłoczonym na zimno, oleju z łososia i oleju z wątroby dorsza.
- Jedz dużo surowych owoców i warzyw oraz tłustych ryb.
- Osoby, u których w płucach odkłada się zbyt dużo wydzieliny i które mają mokry kaszel, powinny unikać wszystkich produktów mlecznych oraz margaryny.

Bezsenność

Bezsenność dotyka bardzo wielu ludzi. Może objawiać się:

- problemami z zasypianiem,
- lekkim snem i częstym budzeniem się,
- nieprzyjemnymi snami i koszmarami,
- budzeniem się nad ranem (przeważnie między 1 a 5 rano) i problemami z późniejszym zaśnięciem.

Przyczyny bezsenności:

- depresja,
- stres i niepokój,
- problemy menopauzalne związane z brakiem estrogenu, które wywołują uderzenia gorąca,
- bolesne dolegliwości zakłócające sen,
- hałaśliwe i nieprzyjazne miejsce spania,
- zaburzenia funkcjonowania pęcherza moczowego i/lub prostaty, objawiające się potrzebą częstego oddawania moczu w ciągu nocy,
- chrapanie i/lub bezdech senny,
- zespół niespokojnych nóg i skurcze w nogach.

Sok na bezsenność

✔ 2-3 duże liście sałaty
✔ 1 gruszka albo jabłko
✔ 1 marchew
✔ 1 słodki ziemniak
✔ $^1/_4$-$^1/_3$ średniej bulwy kopru włoskiego
✔ 1 grejpfrut

Umyj, oczyść, posiekaj i włóż wszystkie składniki do sokowirówki. Wypijaj $^1/_2$ litra soku dziennie, przy czym połowę tej porcji rano i połowę wieczorem.

Działanie poszczególnych składników soku:

- Sałata zawiera naturalne opiaty, które pomagają odprężyć ciało.
- Koper włoski pobudza wydzielanie soków trawiennych, jest spazmolityczny i wiatropędny.
- Witamina C, która znajduje się w cytrusach, pomaga w oddychaniu i dotlenianiu tkanek w nocy.

Przydatne wskazówki:

- Wieczorami unikaj stymulantów, takich jak kawa, herbata, cukier, słodkie produkty spożywcze i alkohol. Nie pij zbyt dużo wody w ciągu ostatnich 2 godzin przed pójściem spać.

- Jeśli nie możesz spać z powodu uderzeń gorąca, zajrzyj na stronę 122.
- Przed pójściem spać dobrze jest zjeść trochę białka, żeby utrzymać cukier we krwi na stabilnym poziomie. To może być na przykład sproszkowana serwatka białkowa albo trochę surowych orzechów, ziaren, albo puszka tuńczyka.
- Pij herbatę ziołową na bazie chmielu i rumianku z łyżką miodu,
- Dobry kompleks suplementów w tabletce powinien zawierać witaminy z grupy B, dziurawiec, który pomaga na depresję, magnez, cynk, selen i chrom.

Biegunka

Patrz zespół nadwrażliwości jelita grubego na stronie 144 i nieswoiste zapalenia jelit na stronie 88

Ból

Sok na ból

✔ 125 g posiekanych brokułów
✔ 1 cm świeżego korzenia imbiru
✔ 2 pomarańcze albo 1 grejpfrut razem z białym włóknem
✔ 3 truskawki
✔ 1 łyżeczka świeżego oleju z zarodków pszenicy
✔ 1 łyżeczka świeżych granulek lecytyny
✔ 1 łyżeczka zmielonego siemienia lnianego albo oleju lnianego

Umyj, oczyść i posiekaj brokuły, imbir oraz pomarańcze/grejpfruta. Włóż je do sokowirówki i przygotuj sok. Następnie przelej sok do pojemnika robota kuchennego i dodaj truskawki, olej z zarodków pszenicy, lecytynę oraz siemię lniane. Zmiksuj na gładką masę.

Ten sok zawiera przeciwutleniacze oraz substancje łagodzące stany zapalne i regenerujące system nerwowy. Jeśli lubisz ostre przyprawy, możesz dodać również małą papryczkę chili (albo jej kawałek), ponieważ zawiera kapsaicynę, która pobudza uwalnianie endorfiny w mózgu. Endorfina to naturalny środek przeciwbólowy.

Bóle głowy

Bóle głowy to częsty problem. Na ogół są przejściowe i można im zaradzić za pomocą łagodnych środków przeciwbólowych, takich jak tabletki zawierające połączenia paracetamolu albo aspiryny z kodeiną. Czasem wystarczy nawet położyć się w ciemnym pokoju, wypić zimną wodę albo położyć zimny ręcznik na głowie albo na twarzy, żeby ból minął. Przyczyny bólów głowy są niezliczone, a niektóre bardzo groźne. Dlatego tak ważne jest zrobienie badań, które wykluczą poważne przyczyny bólów głowy. Jest to szczególnie ważne, kiedy bóle pojawiają się często, są bardzo silne i uporczywe.

Niezbędne badania powinny obejmować:

- komputerową tomografię osiową głowy i szyi,
- badania krwi sprawdzające funkcjonowanie układu odpornościowego, wątroby i nerek, a także poziom hormonów oraz morfologię,
- dokładne ogólne badanie fizyczne i badanie lekarskie u specjalisty neurologa (niezbędne w przypadku bardzo silnych bólów głowy).

Przyczyny bólów głowy:

- odwodnienie,
- gorączka i infekcje ogólnoustrojowe,
- nadużywanie substancji, takich jak kofeina, nikotyna czy alkohol (patrz sok na kaca na stronie 76),
- stres i niepokój wywołujące skurcze mięśni w okolicach głowy oraz szyi,
- problemy z szyją i fibromialgia,
- zaburzenia immunologiczne wywołujące stany zapalne w naczyniach krwionośnych, mięśniach i tkankach łącznych głowy (mówimy wówczas o „klasterowych bólach głowy"),
- zaburzenia hormonalne, takie jak zespół objawów przedmiesiączkowych i menopauza, oraz skutki uboczne tabletek antykoncepcyjnych albo zastępczej terapii hormonalnej,
- zaburzenia funkcjonowania wątroby,
- wysokie ciśnienie krwi,
- zapalenie opon mózgowych i guzy mózgu (wywołują silne, uporczywe bóle głowy),

- problemy z oczami, takie jak jaskra czy zapalenie oczu,
- infekcje zatok, zębów i uszu,
- neuralgia, na przykład nerwu trójdzielnego, która wywołuje ostry, przeszywający ból z boku głowy i twarzy, promieniujący na szczękę,
- problemy z cukrem we krwi, takie jak niski poziom cukru we krwi (hipoglikemia),
- wpływ chemicznych substancji toksycznych.

Migrena

Migrena jest szczególnym rodzajem bólu głowy. Charakteryzuje ją silny, pulsujący ból w całej głowie albo z boku głowy. Mogą zwiastować ją objawy neurologiczne, takie jak problemy z widzeniem, słabość kończyn albo mięśni twarzy, półprzytomny, dziwny nastrój, mrowienie lub inne niepokojące rzeczy. Migrenie często towarzyszą mdłości, wymioty i nadwrażliwość na światło (fotofobia). Ból może być wyjątkowo silny i zatrważający. Czasem trzeba podać lek przeciwbólowy w zastrzyku, żeby dolegliwości ustąpiły. Istnieją również specjalne leki, które można przyjmować, aby zapobiegać migrenie lub ją przerwać. Najnowsza klasa leków to agoniści receptorów serotoniny. Niektórzy uważają, że te leki czynią cuda, podczas gdy inni narzekają na ich efekty uboczne. Także chiropraktyka może przynieść efekty u osób cierpiących na bóle głowy.

Sok na ból głowy

✔ 2 liście mniszka lekarskiego albo kapusty
✔ 1 szklanka posiekanych brokułów
✔ 1 szklanka kiełków lucerny
✔ 1 jabłko
✔ 1 duża marchew

Umyj, oczyść i posiekaj wszystkie składniki. Włóż je do sokowirówki i przygotuj sok. Wypijaj dwie szklanki (około 500 ml) soku dziennie.

Inne wersje:

- Można dodać kilka truskawek do smaku.
- 2-3 liście sałaty zadziałają uspokajająco na system nerwowy.
- Osoby, które mają problemy z zatokami, mogą dodać rzodkiewkę i/lub czosnek.
- Osoby, którym wydaje się, że mają za dużo toksyn w organizmie, powinny dodać zieloną pszenicę.
- Seler pomoże na zatrzymywanie płynów w organizmie i nieprawidłowe ciśnienie krwi.
- Cytrusy zawierają witaminę C, która łagodzi stany zapalne i poprawia krążenie.
- 1 cm świeżego korzenia imbiru złagodzi stany zapalne.
- 1 ząbek czosnku albo $^1/_2$ czerwonej cebuli poprawi krążenie, co jest bardzo ważne w przypadku osób cierpiących na migrenę.

Przydatne wskazówki:

- Możesz przyjmować dobry środek tonizujący wątrobę w proszku albo kapsułkach,
- Witamina E poprawia krążenie.
- Żeby przejąć kontrolę nad bólami głowy, należy przyjmować 4-6 tabletek magnezu dziennie.
- Warto zwiększyć spożycie nienasyconych kwasów tłuszczowych zawartych na przykład w oleju lnianym tłoczonym na zimno czy oleju z łososia.
- Jedz dużo sałatek z surowych warzyw z dodatkiem dressingu z zimnego oleju tłoczonego na zimno albo octu jabłkowego.
- Utrzymuj cukier we krwi na stabilnym poziomie, regularnie jedząc białko pochodzące z jajek, ryb, warzyw strączkowych, orzechów i ziaren.
- Musisz wypijać co najmniej 2 litry wody dziennie. Wypijaj małe ilości przez cały dzień.

Cellulitis

Tuż pod skórą znajduje się tkanka podskórna. Łączy skórę z kośćmi albo tkankami łącznymi. Tkanka podskórna jest cieńsza u kobiet niż u mężczyzn, a w miarę upływu lat staje się jeszcze cieńsza. Komórki tłuszczowe, które znajdują się pod tkanką podskórną, a także w niej, rosną z powodu ubywania tkanek łącznych. I to właśnie te komórki tłuszczowe mogą przybliżać się wówczas ku powierzchni skóry, nadając jej „grudkowatą" konsystencję, którą nazywamy cellulitisem. Jeśli wątroba i system limfatyczny są przeciążone i pełne substancji toksycznych, problemy z cellulitisem są tym poważniejsze.

Dieta zwalczająca cellulitis:

Unikaj przetworzonej żywności, sztucznych słodzików, wszystkich produktów mlecznych, konserwowanego mięsa i drobiu. Zwiększ spożycie surowych owoców i warzyw. Wprowadź do diety wodorosty, takie jak kelp, arame, wakame, nori itp. Wodorosty morskie poprawiają funkcjonowanie tarczycy i przyśpieszają przemianę materii.

Poniższe przepisy na soki opracowano tak, aby pomagały ci w walce z cellulitisem. Wypróbuj oba, żeby ocenić, który z nich wolisz. Oczywiście, jeśli chcesz, możesz pić obydwa.

Sok spalający tłuszcz

✔ 1 pomidor
✔ 2 gałązki natki pietruszki
✔ 2 łodygi selera naciowego
✔ 1 pomarańcza
✔ 1 dymka
✔ 1 grejpfrut (razem z białym włóknem)
✔ 1 rzodkiewka
✔ 1 średnia czerwona albo zielona papryka

Obierz grejpfruta i oczyść papryki z pestek. Umyj wszystkie składniki, oczyść i posiekaj. Włóż do sokowirówki i przygotuj sok. Możesz rozcieńczyć go wodą albo zimną herbatą ziołową.

Działanie poszczególnych składników soku:

- Papryka, pomidory, natka pietruszki i pomarańcze zawierają dużo bioflawonoidów wzmacniających naczynia włoskowate.
- Grejpfrut pobudza metabolizm tłuszczu.
- Seler pomaga usuwać nadmiar płynów z organizmu.

Sok przyśpieszający przemianę materii

✔ 1 jabłko (ze skórką) albo dojrzała gruszka
✔ 1 grejpfrut, cienko obrany, tak żeby zostało dużo białego włókna
✔ 6 liści mięty
✔ 2 łodygi selera naciowego

Posiekaj składniki i włóż do sokowirówki. Dodaj trochę cynamonu albo tabasco przed wypiciem.

Działanie poszczególnych składników soku:

- Grejpfrut zawiera dużo witaminy C i doskonale oczyszcza system limfatyczny.
- Jabłko i mięta pomagają eliminować toksyny z tkanki tłuszczowej.
- Seler i jabłko oczyszczają tkankę podskórną i poprawiają funkcjonowanie nerek.

Suplementy zmniejszające cellulitis:

- tyrozyna,
- witamina B_6,
- minerały: cynk i pikolinian chromu,
- wyciąg z papryki rocznej,
- ekstrakt z drzewa *Garcinia cambogia.*

Choroba przyzębia

Choroba przyzębia objawia się zapaleniem i przewlekłą infekcją dziąseł. Dziąsła zaczynają się kurczyć i cofać, przez co zęby wydają się dłuższe. Korzenie zębów zostają obnażone, co może prowadzić do nieprzyjemnej nadwrażliwości dziąseł i zębów, zwłaszcza na ciepło, zimno oraz dotyk. Ewentualnie dochodzi do znacznej utraty tkanki dziąseł i ostatecznie do wypadania zębów. Choroba przyzębia znajduje się na liście najczęstszych przyczyn wypadania zębów. Często wiąże się z osłabieniem kości szczęki i innych fragmentów szkieletu (osteoporoza).

Przyczyny choroby przyzębia:

- tworzenie się kamienia na zębach,
- niedbałość o zęby, nieużywanie nici dentystycznej i czyścików do przestrzeni międzyzębowych,
- niedobory minerałów w diecie, zwłaszcza jeśli opiera się ona głównie na przetworzonej i rafinowanej żywności,
- wysokie spożycie produktów bogatych w cukier i napojów typu cola,
- brak surowych owoców i warzyw w diecie,
- palenie papierosów i nadużywanie alkoholu,
- zmiany hormonalne podczas menopauzy.

Sok wzmacniający dziąsła i zęby

✔ 2-3 liście mniszka lekarskiego albo szpinaku
✔ 1 szklanka liści natki pietruszki
✔ 1 cm świeżego korzenia imbiru
✔ 1 jabłko
✔ 1 pomarańcza albo grejpfrut
✔ 1 marchew

Umyj, oczyść i posiekaj wszystkie składniki. Włóż je do sokowirówki i przygotuj sok. Wypijaj mniej więcej $^1/_2$ litra soku dziennie.

Dobre suplementy

- hydroksyapatyt wapnia,
- magnez,
- selen,
- cynk,
- krzem,
- olej z wątroby dorsza,

- witaminy D i C,
- wyciąg z liści oliwki w kapsułkach.

Choroby nerek

Nerki filtrują krew, usuwając odpadowe produkty przemiany materii, takie jak mocznik, kreatynina i leki, które są następnie wydalane z organizmu razem z moczem. Nerki regulują również poziom niektórych minerałów, takich jak sód czy potas, we krwi. Choroby nerek dotykają bardzo wielu ludzi. Czasem ich przebieg jest pozornie niegroźny, przez co przez wiele lat pozostają niewykryte. Z tego powodu mądrze jest regularnie robić badania moczu i ciśnienia krwi.

Objawy zaburzenia funkcjonowania i chorób nerek mogą obejmować:

- ból pleców i/lub ból brzucha,
- zatrzymywanie płynów w organizmie i opuchliznę kończyn,
- ogólny zły stan zdrowia,
- częste i/lub bolesne oddawanie moczu,
- przebarwienie moczu,
- wysokie ciśnienie krwi.

Przyczyny problemów z nerkami:

- infekcje,
- kamienie,
- zapalenie nerek w wyniku zaburzeń immunologicznych, które nazywamy kłębuszkowym zapaleniem nerek,
- uszkodzenie nerek w wyniku nadciśnienia,
- uszkodzenia nerek w wyniku cukrzycy,
- efekty uboczne leków albo nadużywanie środków przeciwbólowych,
- odwodnienie.

Sok na problemy z nerkami nr 1

- ✔ 2-3 łodygi selera naciowego
- ✔ 1 marchew
- ✔ $^1/_2$ ogórka
- ✔ $^1/_2$ szklanki natki pietruszki

Inne wersje:

Dodaj do soku dwa produkty z poniższej listy:

- ✔ $^1/_2$ buraka
- ✔ 2 liście buraka
- ✔ $^1/_2$ jabłka ze skórką
- ✔ 6 truskawek
- ✔ 2 liście rzepy
- ✔ 2 liście mniszka lekarskiego

Działanie poszczególnych składników soku:

- Pietruszka, seler oraz ogórek mają właściwości moczopędne i pomagają rozpuszczać kamienie dróg moczowych.
- Truskawki mają łagodne działanie moczopędne i wspaniale smakują.
- Rzepa i mniszek lekarski wspomagają funkcjonowanie wątroby oraz nerek, a także oczyszczają krwiobieg.

Sok na problemy nerkami nr 2

- ✔ plaster arbuza o grubości 10 cm
- ✔ $^1/_2$ ogórka
- ✔ $^1/_2$ brzoskwini bez pestki
- ✔ $^1/_4$ szklanki natki pietruszki
- ✔ 4 strąki fasolki szparagowej
- ✔ 1 dymka

Działanie poszczególnych składników soku:

- Arbuz i brzoskwinia łagodzą dolegliwości dróg moczowych.
- Pietruszka doskonale oczyszcza nerki i krwiobieg.
- Ogórek działa moczopędnie i zmniejsza zatrzymywanie płynów w organizmie.
- Fasolka szparagowa wzmacnia nerki i pęcherz moczowy.

Dobre suplementy:

- witamina C (nie więcej niż 2000 mg dziennie, w kilku dawkach),
- magnez w tabletkach,
- doskonałe naturalne antybiotyki: wyciąg z liści oliwki i czosnek,
- herbaty ziołowe, np. z mniszka lekarskiego, pokrzywy, mącznicy lekarskiej i gorzknika kanadyjskiego.

Ciąża

Podczas ciąży kobiety potrzebują znacznie więcej kwasu foliowego, żelaza, wapnia i nasyconych kwasów tłuszczowych niż normalnie. Zwiększając spożycie kwasu foliowego (folianu), można zmniejszyć ryzyko pojawienia się wad wrodzonych cewy nerwowej, takich jak rozszczep kręgosłupa, nawet o 70%. Wady cewy nerwowej zaliczamy do najczęstszych wad wrodzonych pojawiających się u noworodków. Mogą spowodować poważne wady rozwojowe kręgosłupa, a czasem nawet mózgu.

Sok dla kobiet w ciąży

✔ 2 liście szpinaku
✔ $^{1}/_{2}$ szklanki posiekanych brokułów
✔ 2 brukselki albo 1 marchew
✔ 1 pomarańcza
✔ 1 burak z liśćmi
✔ 1 pomidor (najlepiej dojrzały w słońcu albo organiczny) lub marchew

Umyj, oczyść, posiekaj i włóż wszystkie składniki do sokowirówki. Rozcieńcz sok wodą albo zimną herbatą rumiankową, zwłaszcza jeśli dokuczają ci poranne mdłości. Możesz dodać całą gruszkę i/lub jabłko, żeby poprawić smak soku.

Proponowany powyżej sok dostarczy organizmowi dodatkowe ilości kwasu foliowego, witaminy K, żelaza i wapnia. Ponadto wspomoże pracę wątroby i nerek, co zmniejszy ryzyko toksemii ciążowej. Kobiety, które podczas ciąży zażywają mnóstwo przeciwutleniaczy i witaminy K, zmniejszą ryzyko krwawienia z łożyska, a zatem także przedwczesnego porodu.

Dobre suplementy:

- wapń i żelazo,
- kwas foliowy,
- nienasycone kwasy tłuszczowe zawarte w oleju lnianym, oleju z wiesiołka i tłustych rybach,
- lek homeopatyczny na mdłości, np. Ipecac albo Nux vomica,
- zastrzyki z witaminy B_6 i B_{12}, które mogą zmniejszyć mdłości i wymioty.

Cukrzyca

Diabetycy mogą tylko zyskać na zwiększeniu spożycia warzyw i świeżo wyciskanych soków warzywnych. Ci, którzy chorują na cukrzycę typu I, powinni unikać soków owocowych, ale mogą jeść całe owoce. Z kolei cukrzyca typu II ma związek z nieprawidłowym funkcjonowaniem insuliny. Osoby, które na nią chorują, cierpią z powodu oporności insulinowej i mogą mieć bardzo wysoki poziom insuliny we krwi. Wykryta we wczesnym stadium może zostać całkowicie wyleczona. Brak równowagi chemicznej towarzyszący syndromowi X często prowadzi do cukrzycy typu II. Można ją leczyć tymi samymi metodami. Jeśli chcesz poznać dobry plan żywieniowy wspomagający leczenie syndromu X i cukrzycy typu II, zajrzyj do książki dr Cabot zatytułowanej „Can't Lose Weight? You could have Syndrome X – the chemical imbalance that makes you store fat"*.

Sok dla diabetyków nr 1

✔ $^1/_2$ łyżeczki sproszkowanych nasion kozieradki
✔ $^1/_4$ szklanki gorącej wody
✔ $^1/_4$ gorzkiego melona
✔ 1 marchew
✔ 2 liście mniszka lekarskiego albo kapusty
✔ 1 dymka
✔ 4 strąki fasolki szparagowej albo 2 brukselki

* „Nie możesz schudnąć? Syndrom X, czyli brak równowagi chemicznej prowadzący do odkładania tłuszczu w organizmie, może być twoim problemem." – przyp. tłum.

- ✔ $^{1}/_{2}$ szklanki posiekanego kopru włoskiego
- ✔ $^{1}/_{4}$ szklanki posiekanej natki pietruszki razem z łodygami
- ✔ 2 łodygi selera naciowego z liśćmi
- ✔ $^{1}/_{2}$ ząbka czosnku (niekoniecznie)

Zalej sproszkowaną kozieradkę gorącą wodą. Zostaw na 15 minut. Umyj i posiekaj pozostałe składniki. Włóż je wszystkie do sokowirówki, dodaj wodę z kozieradką. (Jeśli wolisz, możesz odcedzić wodę i dodać do warzyw tylko kozieradkę, ale wówczas sok będzie miał mniej właściwości leczniczych).

Inne wersje:

Każdy dietetyk musi wiedzieć, jaką ilość cukru wolno mu zjeść jednorazowo. Dlatego jeśli przyjdzie ci do głowy dodać do soku jeszcze jakiś owoc, uważaj, żeby produkt końcowy nie był za słodki. Najlepiej wybierz jabłko, pomarańczę, grejpfruta, wiśnie albo śliwki. Chorzy na cukrzycę typu II albo syndrom X mogą rozcieńczyć sok wodą w stosunku 1:1.

Działanie poszczególnych składników soku:

- Czosnek obniża poziom cukru we krwi.
- Gorzki melon (*Momordica charantia*) zwany również balsamką to warzywo tropikalne uprawiane w Azji. Rdzenna ludność przez wieki używała jego soku do obniżania poziomu cukru we krwi. Działa podobnie jak insulina i reguluje poziom cukru, co wykazało wiele badań klinicznych.
- Liście mniszka lekarskiego i kapusty działają niczym środek tonizujący wątrobę, która odgrywa ważną rolę w regulowaniu poziomu cukru we krwi.
- Fasolka szparagowa zawiera dużo potasu, który ma ogromne znaczenie dla prawidłowego funkcjonowania trzustki.
- Koper włoski i kozieradka mają dobroczynny wpływ na trzustkę oraz wątrobę.

Sok dla diabetyków nr 2

- ✔ 8 strąków fasolki szparagowej
- ✔ 2 brukselki
- ✔ 1 marchew
- ✔ $^1/_4$ szklanki posiekanego kopru włoskiego (razem z zielonymi końcami)
- ✔ 2 liście szpinaku

Przydatne wskazówki:

- Sok z brukselki, marchwi, fasolki szparagowej oraz szpinaku ma wiele leczniczych właściwości, między innymi wzmacnia i regeneruje trzustkę. Trzustka produkuje insulinę i dlatego chorzy na cukrzycę albo syndrom X muszą o nią dbać.
- Sok jest bardzo intensywny i dlatego można go rozcieńczać wodą albo zimną herbatą ziołową.
- Dobre suplementy to zioła, takie jak gurmar i balsamka; L-karnityna; minerały: pikolinian chromu, selen, magnez, mangan i cynk oraz kwas limonowy. Można je przyjmować razem albo oddzielnie.
- Wszyscy diabetycy muszą pozostawać pod ścisłym nadzorem lekarza.

Depresja

Depresja stanowi poważny problem w dzisiejszych czasach i pozostaje jedną z głównych przyczyn cierpień osobistych oraz spadku produktywności. Ludzie, którzy cierpią na tę chorobę, często nie szukają skutecznych metod leczenia, ponieważ nie zdają sobie sprawy, co im dolega.

Przyczyny depresji:

- brak równowagi chemicznej w neuroprzekaźnikach mózgu (mówimy wówczas o depresji endogennej),
- utrata ważnej rzeczy: pieniędzy, pracy, statusu, zdrowia, młodości, związku itp.,
- stres i nadmierne obciążenie pracą,
- zaburzenia hormonalne, takie jak zespół objawów przedmiesiączkowych, menopauza czy depresja poporodowa.

Objawy depresji:

- zgryzota i smutek,
- poczucie przybicia,
- brak chęci do życia,
- niespokojny sen,
- niska samoocena,
- poczucie winy,
- stronienie od życia towarzyskiego,
- problemy z koncentracją i pamięcią.

Sok na depresję nr 1

✔ 6 truskawek albo 1 mała kiść winogron
✔ 1 szklanka posiekanych brokułów
✔ 1 marchew
✔ 6 strąków fasolki szparagowej
✔ 2 liście sałaty

Umyj, oczyść i posiekaj wszystkie składniki. Włóż je do sokowirówki i przygotuj sok.

Sok na depresję nr 2

✔ 2 duże liście szpinaku
✔ 2 łodygi selera naciowego
✔ 2-3 liście sałaty
✔ 1 średni burak z liśćmi
✔ 1 szklanka winogron albo 1 średnia marchew
✔ 1 pomidor (najlepiej dojrzały w słońcu albo organiczny)
✔ kropla sosu tabasco (niekoniecznie)

Umyj, oczyść i posiekaj wszystkie składniki. Włóż je do sokowirówki i przygotuj sok. Wypijaj mniej więcej $^1/_2$ litra soku dziennie. Możesz dodać również ogórek, który działa uspokajająco.

Działanie poszczególnych składników soku:

- Seler zawiera dużo magnezu, który wpływa kojąco na system nerwowy.

- Buraki zawierają magnez i wapń wspomagające system nerwowy, chrom, który utrzymuje na pożądanym poziomie cukier we krwi, i żelazo, ważne przy produkcji czerwonych krwinek.
- Marchew zawiera wapń, potas, magnez i witaminę B – składniki istotne dla zachowania równowagi systemu nerwowego.
- Sałata ma naturalny środek uspokajający o nazwie *lactucarium*, który wpływa kojąco na system nerwowy.
- Sos tabasco zawiera pieprz kajeński i chili, które uwalniają endorfiny z mózgu. Są to naturalne substancje chemiczne wytwarzane w mózgu, wywołujące uczucie szczęścia, poprawiające nastrój oraz zmniejszające ból.

Dobre suplementy:

- magnez,
- dziurawiec,
- witaminy z grupy B,
- aminokwas tyrozyna,
- nienasycone kwasy tłuszczowe zawarte w oleju lnianym, oleju z pierwiosnka i tłustych rybach.

Drożdżyca

Candida albicans to drożdżak chorobotwórczy, który wywołuje stany zapalne błon śluzowych w całym ciele, na przykład w pochwie, jelitach, odbycie, ustach czy skórze. Oportunistyczna infekcja pojawia się jedynie w sytuacji, gdy układ odpornościowy żywiciela jest osłabiony.

Przyczyny drożdżycy:

- efekty uboczne takich leków, jak antybiotyki czy sterydy,
- zaburzenia hormonalne spowodowane ciążą albo pigułkami antykoncepcyjnymi,
- wysokie spożycie cukru i rafinowanych węglowodanów,
- cukrzyca,
- AIDS wywołane przez wirus HIV,
- osłabiony układ odpornościowy.

Sok na drożdżycę

✔ 2 liście kapusty
✔ 1 ząbek czosnku albo $^1/_2$ czerwonej cebuli
✔ 4 strąki zielonej fasolki szparagowej
✔ 1 marchew
✔ 1 pomarańcza albo $^1/_2$ grejpfruta

Umyj, oczyść i posiekaj wszystkie składniki. Włóż do sokowirówki i przygotuj sok. Pij go codziennie.

Dobre suplementy:
- kultury bakterii *Lactobacillus acidophilus*,
- wyciąg z liści oliwki w kapsułkach albo w płynie,
- czosnek i chrzan w kapsułkach,
- selen i cynk.

Dusznica

Patrz problemy z sercem na stronie 108

Egzema

Patrz problemy ze skórą na stronie 101

Endometrioza

Ta powszechna choroba ginekologiczna powstaje, kiedy śluzówka maciczna (endometrium) rośnie poza jamą macicy w nietypowych miejscach, takich jak jama miednicy czy brzuszna. Śluzówka maciczna normalnie znajduje się w macicy, z której jest wydalana co miesiąc podczas menstruacji. Niestety, do krwawienia dochodzi również w nienormalnie umiejscowionym endometrium, co prowadzi do wewnętrznego krwotoku i bliznowacenia. Jajowody często stają się wówczas niedrożne, co prowadzi do bezpłodności.

Objawy endometriozy:

- bolesne miesiączki,
- obfite miesiączki z zakrzepami krwi,
- bezpłodność,
- ból w okolicach brzucha i miednicy, może być uporczywy,
- zatrzymywanie płynów w brzuchu,
- bolesne kontakty seksualne.

Przyczyny endometriozy:

- zaburzenia układu odpornościowego,
- niskie spożycie surowych produktów spożywczych i przeciwutleniaczy,
- zaburzenia hormonalne, takie jak niedobór progesteronu,
- czynniki genetyczne.

Sok na endometriozę

✔ 1 marchew
✔ $^{1}/_{2}$ szklanki posiekanej zielonej pszenicy (jeśli jest dostępna)
✔ 1 cm świeżego korzenia imbiru
✔ $^{1}/_{2}$ szklanki liści kolendry
✔ $^{1}/_{4}$ średniego ananasa
✔ 1 cała pomarańcza albo cały grejpfrut
✔ 2 bardzo ciemne liście szpinaku
✔ $^{1}/_{4}$ szklanki pietruszki

Umyj, oczyść i posiekaj wszystkie składniki. Usuń grube, suche kawałki z ananasa, zostawiając możliwie jak najwięcej zielonej skóry. Włóż wszystkie składniki do sokowirówki i przygotuj sok. Wypijaj jedną szklankę soku 2-3 razy dziennie. Przechowuj sok w szczelnie zamkniętym pojemniku, w lodówce, maksymalnie przez 24 godziny.

Inne wersje:

Przygotuj szklankę herbaty z pomarańczą i akacją australijską, ostudź, dodaj sok. Być może trzeba będzie zwiększyć wówczas ilość zielonej pszenicy.

Działanie poszczególnych składników:
- Ananas zawiera enzymy, które pomagają rozbijać zakrzepy krwi i tkankę bliznowatą.
- Olejek eteryczny zawarty w liściach kolendry uwalnia gazy i zmniejsza skurcze jelit.
- Zielona pszenica działa oczyszczająco i, podobnie jak inne zielone warzywa liściaste w tym soku, dostarcza organizmowi witaminę K, która zapobiega obfitym krwawieniom. Zawiera również cynk, który pomaga zmniejszać zrosty.
- Marchew zawiera beta-karoten, który łagodzi stany zapalne.
- Cytrusy zawierają witaminę C, która zmniejsza stany zapalne i obfite krwawienie.
- Imbir zawiera naturalne substancje przeciwzapalne.

Dobre suplementy:
- witamina E,
- selen i cynk,
- nienasycone kwasy tłuszczowe zawarte w oleju lnianym tłoczonym na zimno albo oleju z wiesiołka.

Przydatna informacja:
- Unikaj wszystkich produktów mlecznych i mięs pochodzących ze zwierząt, które hoduje się na hormonach.

Fibromialgia

Fibromialgia to dość powszechny problem, który objawia się bólem i nadwrażliwością mięśni oraz tkanek łącznych. U osób z fibromialgią często pojawia się przejmujący ból mięśni i więzadeł, który może dotykać również stawy. Ból spowodowany fibromialgią często pojawia się w okolicach szyi i ramion, ale może dotykać również mięśni pleców oraz kończyn. Nierzadko towarzyszy mu sztywnienie. Osoby cierpiące na tę dolegliwość zwykle mają na ciele wrażliwe miejsca. Kobiety częściej padają ofiarą fibromialgii. Często pojawia się u nich w okresie okołomenopauzalnym. Towarzyszące jej przewlekłe zmęczenie i bóle głowy nie są niczym niezwykłym.

Przyczyny fibromialgii:

- zaburzenia immunologiczne powstałe w wyniku rozległych stanów zapalnych,
- choroby autoimmunologiczne, takie jak toczeń,
- zespół powirusowy,
- przewlekły uraz tkanek w wyniku obrażeń,
- zaburzenia hormonalne spowodowane niedoborem estrogenu, progesteronu, testosteronu i DHEA,
- przeciążenie nadnercza,
- niedobory minerałów, takich jak magnez i selen.

U osób cierpiących na fibromialgię pojawiają się zaburzenia funkcjonowania komórek mięśniowych, co prowadzi do utraty magnezu i potasu z wnętrza komórek oraz nadmiernego gromadzenia się wapnia. Nadmiar wapnia sprawia, że małe włókna mięśni kurczą się, tworząc guzki albo włókniste obwódki w mięśniach. Dochodzi do podnoszenia się poziomu kwasu mlekowego w zaatakowanych mięśniach i pojawia się ból.

Sok na fibromialgię

✔ 1 marchew
✔ 1/2 ogórka
✔ 3 łodygi selera naciowego
✔ 5 mm świeżego korzenia imbiru
✔ 3 plastry ananasa

Umyj, oczyść i posiekaj wszystkie składniki. Włóż je do sokowirówki i przygotuj sok. Wypijaj jedną szklankę (mniej więcej 250 ml) soku 2 razy dziennie. Każda porcja dostarczy ci wielu minerałów i zadziała przeciwzapalnie. Pomoże zmniejszyć kwasowość w mięśniach i stawach.

Przydatne wskazówki:

- Kompleksowy zestaw substancji odżywczych dla kości i stawów w kapsułkach zawiera siarczan glukozaminu, hydroksapatyt wapnia, witaminę D, magnez, cynk, selen, miedź oraz skrzyp, który zawiera krzem.

- Warto zwiększyć spożycie nienasyconych kwasów tłuszczowych zawartych w oleju lnianym tłoczonym na zimno, oleju z łososia i oleju z wiesiołka.
- Zastępcza terapia hormonalna łącząca naturalny estrogen, testosteron, pregnenolon oraz DHEA może złagodzić ból i sztywnienie.

Grypa i przeziębienia

Grypa i przeziębienia powstają z powodu infekcji wirusowych. Są bardzo zakaźne. Organizm często wykorzystuje przeziębienie, żeby wyeliminować toksyny. Gorączka jest naturalną obroną organizmu przed bakteriami i wirusami. Jeśli pojawia się u osoby dorosłej i nie jest bardzo wysoka, nie należy jej zbijać, aby organizm miał szansę się oczyścić. U dzieci wysoka gorączka może doprowadzić do konwulsji i dlatego trzeba ją kontrolować. Często najlepszym sposobem na zbicie gorączki u dziecka jest wykąpanie go w chłodnej wodzie.

Skoncentrowana żywność, taka jak rafinowane węglowodany, mięso, produkty mleczne i cukry, może zwiększać ilość toksyn obecnych w organizmie. Żeby wspomóc mechanizmy oczyszczania, możesz zastosować specjalną dietę; przez 1-2 dni nic nie jedz, a jedynie pij świeżo wyciskane soki. W ten sposób organizm usunie nadmiar toksyn. Co więcej, podczas infekcji koniecznie trzeba przyjmować zwiększone dawki witaminy C.

Sok na przeziębienie i grypę nr 1

- ✔ 2 cytryny (wyciśnięte)
- ✔ 1 ząbek czosnku
- ✔ 5 mm świeżego korzenia imbiru
- ✔ 1 jabłko ze skórką, wydrążone
- ✔ 1 gruszka ze skórką, wydrążona
- ✔ 1 szklanka gorącej wody
- ✔ 1 łyżka miodu (albo więcej do smaku)

Jeśli sok jest przeznaczony dla osoby dorosłej, można dodać do niego plasterek chrzanu o grubości 2 cm.

Inne wersje:
Jeśli sok ci nie smakuje, możesz podzielić składniki proponowane w przepisie i przygotować dwa różne soki zawierające:
1. cytrynę, czosnek, imbir, wodę i miód,
2. cytrynę, jabłko, gruszkę, wodę i miód.

Rozpuść miód w gorącej wodzie, wyciśnij sok z pozostałych składników i dodaj do przygotowanej wody z miodem. Tak przygotowany sok nadaje się zarówno dla dorosłych, jak i dzieci.

Działanie poszczególnych składników soku:
- Cytryna stanowi podstawowy składnik tego przepisu ze względu na wysoką zawartość witaminy C. Ma naturalne właściwości antyseptyczne.
- Jabłka zawierają pektynę, pomagającą usuwać szkodliwe substancje z jelit.
- Czosnek zawiera allicynę, która pomaga zwalczać infekcje i jest naturalnym antybiotykiem.
- Również imbir jest naturalnym antybiotykiem i zmniejsza niedrożność dróg oddechowych.

Sok na przeziębienie i grypę nr 2
✔ $^{1}/_{4}$ łyżeczki zmielonego anyżu
✔ 2 cytryny (wyciśnięte)
✔ 2 plastry ananasa
✔ 1 łyżka miodu
✔ szczypta cynamonu albo pieprzu kajeńskiego
✔ 1 szklanka gorącej wody

Zanurz anyż w gorącej wodzie na 5 minut i odcedź. Przygotuj sok z pozostałych składników. Pij powoli. Sok pomoże na zapchany nos.

Działanie poszczególnych składników soku:
- Ananas zawiera dużo bromelinu, który pomaga eliminować mikroby i zwalczać katar.
- Pieprz kajeński ma działanie antyseptyczne i oczyszczające.

- Cynamon jest naturalnym środkiem ściągającym i zmniejsza wydzielanie śluzu.

Przydatne wskazówki:

- Zalecana dawka sproszkowanej witaminy C to $^1/_2$ łyżeczki dwa razy dziennie. Niektóre badania dowiodły, że regularne przyjmowanie dziennej dawki witaminy C (co najmniej 1 gram), zmniejsza częstotliwość przeziębień i grypy.
- Zalecana dawka wyciągu z liści oliwki w kapsułkach to 1000 mg trzy razy dziennie do posiłku. Dzieciom lepiej podawać ten wyciąg w płynie. Przeziębione albo chore na grypę dziecko koniecznie powinien zbadać lekarz, żeby wykluczyć poważne choroby, takie jak zapalenie opon mózgowych, które może doprowadzić do śmierci.

Guzki i nadwrażliwość piersi

Nadwrażliwość piersi i guzki to częste problemy oraz powody do obaw wielu kobiet. Wszystkie kobiety, u których wykryto jakiekolwiek nieprawidłowości w piersiach, martwią się, że mogą mieć raka.

Przyczyny nadwrażliwości i/lub guzków piersi:

- zaburzenia hormonalne podczas cyklu menstruacyjnego,
- złe odżywianie (niskie spożycie przeciwutleniaczy),
- skutki uboczne tabletek antykoncepcyjnych albo hormonalnej terapii zastępczej,
- źle dopasowane staniki.

Sok na zdrowe piersi

✔ 1 pomarańcza albo mandarynka
✔ 1 grejpfrut
✔ 2 łodygi selera naciowego
✔ 2 liście mniszka lekarskiego albo kapusty
✔ 1 dymka albo ząbek czosnku
✔ 1 średnia marchew

Przydatne informacje:

- Do soku można dodać 3-4 krople wyciągu ze szkarłatki, którą można dostać w sklepach ze zdrową żywnością. Szkarłatka (*Phytolacea*) to zioło, które oczyszcza system limfatyczny.
- Dieta powinna zawierać dużo surowych owoców i warzyw.
- Należy unikać produktów mlecznych.
- Zalecana dzienna dawka selenu to 100 mcg.
- Inne pomocne suplementy to kompleks witaminy B albo tabletki drożdżowe Brewers Yeast, witamina E, nienasycone kwasy tłuszczowe zawarte w oleju lnianym tłoczonym na zimno i oleju z wiesiołka.
- Naturalny progesteron w kremie albo w pastylkach pomaga redukować dominację estrogenową i może przeciwdziałać nadwrażliwości piersi powstałej w wyniku zaburzeń równowagi hormonalnej.

Hemoroidy

Hemoroidy to powiększone żyły (żylaki) znajdujące się w niższych partiach brzucha (prostnicy i odbycie).

Przyczyny hemoroidów:

- przeciążenie albo choroba wątroby,
- zaparcia,
- zbyt duży wysiłek podczas wypróżnień,
- niskie spożycie surowych owoców i warzyw, błonnika oraz wody,
- ciąża,
- nadużywanie alkoholu.

Sok na hemoroidy

✔ 1 szklanka posiekanej rzeżuchy albo 2 liście kapusty lub rzepy
✔ 1 duża marchew
✔ 2-3 duże liście szpinaku z łodygami albo 2 liście mniszka lekarskiego
✔ 1 ząbek czosnku albo $^1/_2$ małej czerwonej cebuli
✔ 1 grejpfrut albo pomarańcza razem z białym włóknem

Umyj, oczyść i posiekaj wszystkie składniki. Włóż je do sokowirówki i przygotuj sok. Wypijaj jedną szklankę soku 2 razy dziennie.

Żeby poprawić funkcjonowanie jelit, możesz wypijać na śniadanie sok śliwkowy. Namocz suszone śliwki w wodzie i zostaw na całą noc. Usuń pestki i przygotuj sok ze śliwek. Możesz pić czysty sok ze śliwek albo zmieszać go z sokiem na hemoroidy. Możesz rozcieńczyć sok wodą, ponieważ duże spożycie płynów jest konieczne, aby zwalczyć hemoroidy.

Dobre suplementy:

- zmielone siemię lniane (zalecana dawka to 1-2 łyżki dziennie do płatków śniadaniowych),
- sproszkowane nasiona babki ptasznika,
- sproszkowany Normacol,
- gryka i świeże zarodki pszenicy,
- ocet jabłkowy (zalecana dawka to 1-2 łyżki dziennie rozpuszczone w jednej szklance wody; możesz dodać też trochę miodu),
- witamina E,
- witamina C i bioflawonoidy.

Infekcje

Patrz sok zawierający naturalne antybiotyki na stronie 86

Kac

Poranek po mocno zakrapianej nocy może dosłownie przyprawić o ból głowy. Wątroba musi przetrawić alkohol, a duże ilości alkoholu wywołują ostre stany zapalne wątroby.

Typowe objawy kaca:

- mdłości i wymioty,
- biegunka,
- ból głowy, często duży,
- odwodnienie,
- zamglony umysł.

Sok na kaca

✔ 1 średnia marchew
✔ 1 średnie jabłko ze skórą
✔ 2 plastry arbuza z cienką białą warstwą skóry
✔ 1 średnia pomarańcza
✔ 1 średni grejpfrut (chyba że przeszkadza ci kwaśny smak)
✔ plaster buraka o grubości 2 cm
✔ 2 świeże liście mniszka lekarskiego albo kapusty

Umyj, oczyść, posiekaj i włóż wszystkie składniki do sokowirówki. Przygotuj sok. Wypijaj jedną małą szklankę soku przed pójściem spać, a kolejną po przebudzeniu, a potem 100-200 ml co godzinę. Jednocześnie pij bardzo dużo wody.

Ten sok wspomaga funkcjonowanie wątroby. Łagodzi stany zapalne żołądka. Nawadnia organizm. Zmniejsza mdłości. Dostarcza energii. Łagodzi ból głowy wywołany kacem.

Przydatne wskazówki:

- Zalecana dawka sproszkowanego dobrego środka tonizującego to $^1/_2$ łyżeczki na szklankę soku.
- Magnez pomaga zmniejszyć ból głowy.
- Witaminy z grupy B wspomagają wątrobę.
- Starte jabłka pomagają uspokoić zakwaszony żołądek.

Kamienie żółciowe i problemy z drogami żółciowymi

Problemy z woreczkiem żółciowym i drogami żółciowymi pojawiają się bardzo często. Zaliczamy do nich:

- zapalenie woreczka żółciowego i dróg żółciowych,
- skurcze mięśni i/lub słabe kurczenie się ściany woreczka żółciowego,
- kamienie tworzące się w woreczku żółciowym i/lub drogach żółciowych,
- niedrożność dróg żółciowych uniemożliwiająca swobodny przepływ żółci.

Przyczyny kamieni żółciowych i problemów z drogami żółciowymi:

- wydzielanie toksycznej żółci w wątrobie,
- niewystarczająca produkcja żółci w wątrobie,
- spowolniony przepływ żółci,
- nadmiar cholesterolu w żółci prowadzący do tworzenia się kamieni,
- infekcja woreczka żółciowego,
- zbyt wysokie spożycie tłustej żywności, produktów mlecznych i smażonych potraw,
- zmiany hormonalne podczas ciąży,
- pigułki antykoncepcyjne i niektóre zastępcze terapie hormonalne,
- niektóre choroby krwi.

Objawy zaburzenia funkcjonowania woreczka żółciowego:

- niestrawność i mdłości po jedzeniu (zwłaszcza tłustej żywności),
- wymioty,
- ból z prawej strony górnej części brzucha, który często promieniuje na prawe ramię i plecy.

Sok wspomagający woreczek żółciowy

✔ 2 świeże liście mniszka lekarskiego
✔ 1 średnia marchew
✔ plaster buraka o grubości 3 cm
✔ 1 średnie jabłko
✔ 2 liście kapusty albo brukselki
✔ 2 liście rzepy
✔ 1 duży dojrzały pomidor w całości

Umyj, oczyść i posiekaj wszystkie składniki. Włóż je do sokowirówki i przygotuj sok. Dla odmiany możesz dodać małego grejpfruta, trochę rzeżuchy albo małą rzodkiewkę. Możesz rozcieńczyć sok wodą albo zimną herbatą ziołową.

Przydatne wskazówki:

- ✔ Dobry środek tonizujący wątrobę powinien zawierać ostropest plamisty; aminokwasy zawierające siarkę: taurynę, glutaminę i cysteinę; glicynę; witaminy z grupy B; przeciwutleniacze oraz lecytynę,
- ✔ Zalecana dawka sproszkowanego MSM z witaminą C to $^1/_2$ łyżeczki dziennie.
- ✔ Wypijaj 2-3 litry wody dziennie i jedz mnóstwo surowych warzyw.
- ✔ Unikaj produktów mlecznych, smażonych potraw i tłustej żywności.

Katar sienny

Patrz problemy z zatokami na stronie 139

Menopauza

Termin menopauza oznacza ostatnią miesiączkę w życiu kobiety. Przeważnie pojawia się w okolicach 50. roku życia. Powstaje w wyniku wygasania czynności jajników, które wyczerpały zapasy jajeczek, w związku z czym ustaje produkcja hormonów seksualnych.

Objawy menopauzy:

- uderzenia gorąca,
- problemy ze snem,
- dolegliwości i bóle (fibromialgia),
- utrata popędu seksualnego,
- suchość pochwy,
- zaburzenia funkcjonowania pęcherza moczowego,
- zmiany nastrojów,
- zmęczenie.

Długofalowymi konsekwencjami utraty hormonów seksualnych są uszczuplenie zapasów minerałów w kościach i wzrost ryzyka pojawiania się chorób układu krążenia. Te problemy zwyrodnieniowe można znacznie zredukować. Wystarczy zdrowo się odżywiać i prowadzić zdrowy tryb życia. Zwłaszcza regularne ćwiczenia odgrywają istotną rolę. Natomiast dieta musi zawierać nieprzetworzoną żywność, żeby dostarczyć organizmowi mnóstwo minerałów, takich jak wapń, magnez, cynk, mangan, krzem, brom i potas.

Włącz do swojej diety:

- warzywa strączkowe: wszystkie odmiany fasoli, groch i soczewicę,
- owoce morza i wodorosty morskie,
- surowe orzechy i ziarna,
- jajka i chude świeże mięso (chyba że nie jadasz mięsa),
- dużo surowych owoców i warzyw oraz świeżo wyciskane soki.

W ten sposób zmniejszysz objawy osteoporozy, ryzyko chorób układu krążenia i raka oraz zapobiegniesz nadmiernemu przybieraniu na wadze.

Sok na uderzenia gorąca

✔ 1 pomarańcza albo grejpfrut razem z białym włóknem
✔ 2 liście sałaty
✔ plaster arbuza o grubości 4 cm
✔ $^1/_2$ szklanki kiełków (najlepiej soi albo lucerny)
✔ $^1/_4$ szklanki natki pietruszki
✔ 1 mały ogórek siewny
✔ plaster buraka o grubości 5 cm

Obierz pomarańczę, zostawiając możliwie jak najwięcej białego włókna. Umyj, oczyść i posiekaj wszystkie składniki. Włóż je do sokowirówki i przygotuj sok. Dzięki niemu zapewnisz swojemu organizmowi dużo substancji odżywczych, które ukoją system nerwowy i ochłodzą całe ciało.

Działanie poszczególnych składników soku:

- Sałata chłodzi całe ciało i zawiera naturalny środek uspokajający o nazwie *lactucarium*, a także magnez, który pomaga walczyć z bezsennością.

- Kiełki zawierają dużo hormonów roślinnych znanych jako fitoestrogeny.
- Arbuz ma działanie chłodzące i pomaga na depresję. Zawiera również witaminę B, która przywraca równowagę systemu nerwowego.
- Pietruszka zawiera dużo witaminy C i bioflawonoidów, które pomagają złagodzić uderzenia gorąca.
- Pomarańcze i grejpfruty mają bioflawonoidy w białym włóknie. Dzięki nim łagodzą uderzenia gorąca.
- Ogórek ma działanie chłodzące i uspokajające. Ponadto zapobiega podnoszeniu się ciśnienia krwi, co może mieć miejsce podczas menopauzy.
- Buraki dodają energii i poprawiają krążenie krwi.

Koktajl na menopauzę

✔ 1 szklanka mleczka sojowego z dodatkiem wapnia (możesz wybrać również mleczko migdałowe, owsiane, kokosowe albo ryżowe)
✔ 1 banan albo $^1/_2$ szklanki owoców leśnych
✔ 1 łyżka zmielonego siemienia lnianego albo 1 łyżeczka oleju lnianego tłoczonego na zimno
✔ 2 owoce męczennicy, sam miąższ

Włóż wszystkie składniki do pojemnika robota kuchennego i zmiksuj na gładką masę. Dodaj kilka kostek lodu podczas miksowania, żeby otrzymać bardziej orzeźwiający napój. Jeśli masz ochotę na bombę energetyczną, dodaj również trochę sproszkowanej serwatki białkowej. Wypijaj jedną porcję soku rano, a drugą w ciągu dnia.

Działanie poszczególnych składników soku:

- Banany zawierają dużo potasu i witaminy B, która przywraca równowagę systemowi nerwowemu i zmniejsza zmęczenie.
- Owoce męczennicy są bardzo cenne dla kobiet w okresie menopauzy, ponieważ pomagają zachować popęd seksualny.
- Siemię lniane to doskonałe źródło zdrowych kwasów tłuszczowych omega 3, które pomagają zachować równowagę hormonalną. Kwasy tłuszczowe omega 3 obniżają poziom złego cholesterolu LDL, chroniąc w ten sposób układ krążenia. Siemię lniane zawiera również

dużo fitoestrogenów o nazwie lignany, które zmniejszają ryzyko zachorowania na raka.

Sok na menopauzę nr 1

- ✔ 2 łodygi selera naciowego
- ✔ $^{1}/_{2}$ ogórka
- ✔ $^{1}/_{2}$ szklanki kiełków lucerny (*alfalfa*)
- ✔ 2 liście sałaty lodowej
- ✔ plaster ananasa o grubości 5 cm
- ✔ 3 liście szpinaku

Umyj, oczyść i posiekaj wszystkie składniki. Włóż je do sokowirówki i przygotuj sok.

Działanie poszczególnych składników soku:

- Seler zawiera wapń, potas, magnez i witaminę B, które koją system nerwowy.
- Ogórek zawiera potas i magnez, pomagające kontrolować wszelkie problemy z ciśnieniem krwi.
- Sałata lodowa dostarcza wapnia, potasu i magnezu, podobnie jak żelaza i witaminy B, które łagodzą napięcie nerwowe i poprawiają sen.
- Ananas poprawia trawienie i chłodzi całe ciało.
- Szpinak zawiera witaminę K, która zapobiega osteoporozie.

Sok na menopauzę nr 2

- ✔ 1 pomarańcza albo grejpfrut razem z białym włóknem
- ✔ 2 liście sałaty
- ✔ plaster arbuza o grubości 5 cm
- ✔ $^{1}/_{2}$ szklanki kiełków fasoli mung albo lucerny
- ✔ $^{1}/_{4}$ szklanki pietruszki
- ✔ 1 mały ogórek siewny
- ✔ plaster buraka o grubości 5cm

Umyj, oczyść i posiekaj wszystkie składniki. Włóż je do sokowirówki i przygotuj sok.

Działanie poszczególnych składników soku:

- Sałata ma działanie chłodzące i zawiera naturalny środek uspokajający o nazwie *lactucarium*, a także magnez, który koi system nerwowy i pomaga na bezsenność. Zawiera również wapń wzmacniający kości.
- Kiełki fasoli mung i lucerny działają łagodząco na wątrobę. Zawierają witaminę B, która koi system nerwowy. Lucerna ma bardzo dużo fitoestrogenów, które łagodzą uderzenia gorąca i zapobiegają wysychaniu pochwy.
- Arbuz orzeźwia i pomaga na depresję.
- Pietruszka jest bogata w bioflawonoidy, które łagodzą uderzenia gorąca.
- Pomarańcze i grejpfruty zawierają witaminę C oraz bioflawonoidy (zwłaszcza w białym włóknie), które łagodzą uderzenia gorąca.
- Ogórek działa orzeźwiająco i zawiera witaminę B, która koi system nerwowy, a także potas, zmniejszający tendencję do podnoszenia się ciśnienia krwi.
- Buraki pomagają na problemy menopauzalne, ponieważ regulują problemy gruczołowe i poprawiają krążenie.

Przydatne wskazówki:

- Zwiększ spożycie soi i produktów sojowych, takich jak tofu czy tempeh.
- Jedz dużo tłustych ryb, surowych orzechów i ziaren.
- Warto zwiększyć spożycie nienasyconych kwasów tłuszczowych zawartych np. w oleju lnianym albo oleju z wiesiołka.
- Dobry zestaw suplementów na menopauzę powinien zawierać zioła: dzięgiel chiński (*dong quai*), pluskwicę groniastą, szałwię, lukrecję, sarsaparylę, owoce dzikiej róży, dziki ignam oraz kelp.

Migrena

Patrz bóle głowy na stronie 53

Nadwaga

Patrz również typy sylwetki na stronie 116

Być może poczujesz ulgę, kiedy się dowiesz, że świeżo wyciskane soki pomagają schudnąć. Mam pacjentkę, której udało się zrzucić sporo kilogramów, włączając jedynie surowe owoce i warzywa do swojej diety oraz pijąc świeże soki. Nie zmieniła innych nawyków żywieniowych, a mimo to pożegnała się z nadwagą. Świeżo wyciskane soki poprawiają krążenie w komórkach tłuszczowych, dzięki czemu zmniejszają cellulitis. Ponadto soki pobudzają wątrobę do spalania tłuszczu.

Sok wspomagający odchudzanie nr 1

- ✔ 1 duży grejpfrut (najlepiej różowy)
- ✔ 2 liście mniszka lekarskiego
- ✔ 1 średnie jabłko
- ✔ $^1/_2$ szklanki posiekanej pietruszki
- ✔ 1 średnia marchew
- ✔ 1 średni ogórek
- ✔ $^1/_4$ łyżeczka kurkumy
- ✔ $^1/_2$ łyżeczki sproszkowanego kelpu

Umyj, oczyść i posiekaj wszystkie owoce, warzywa oraz liście, włóż do sokowirówki i przygotuj sok. Dodaj do niego kurkumę i sproszkowany kelp. Jeśli chcesz, możesz rozcieńczyć sok wodą albo zimną herbatą cytrynowo-miodową w stosunku 1:1. Ten sok pomoże ci schudnąć i zmniejszyć cellulitis. Do tego wspaniale oczyszcza wątrobę.

Działanie poszczególnych składników soku:

- Grejpfruty są znane z właściwości obniżających wagę.
- Mniszek lekarski, ogórek i pietruszka to naturalne środki moczopędne.
- Kurkuma jest efektywnym środkiem tonizującym.
- Kelp stymuluje funkcjonowanie tarczycy.

Sok wspomagający odchudzanie nr 2

Zmieszaj równe ilości:

✔ szpinaku i buraków z liśćmi,
✔ marchwi i szpinaku,
✔ marchwi i sałaty,
✔ kapusty i pomidorów,
✔ ananasa i grejpfruta.

Każdy z tych soków można rozcieńczyć wodą w stosunku 1:1.

Inne wersje:

Żeby uzyskać bardziej intensywny smak, możesz dodać $^1/_2$ szklanki soku selerowego, ogórkowego, pomarańczowego, cytrynowego, grejpfrutowego, truskawkowego, morelowego, brzoskwiniowego, gruszkowego albo granatowego.

Naturalne antybiotyki

Wielu ludzi cierpi z powodu przewlekłych lub nawrotowych infekcji, albo wiele razy przyjmuje antybiotyki, które zaburzają funkcjonowanie wątroby i układu odpornościowego. Ukryte infekcje są częstą przyczyną kiepskiego stanu zdrowia i zaburzenia czynności układu odpornościowego. Nazywamy je „infekcjami subklinicznymi". Mogą nie zostać rozpoznane, ponieważ ich objawy są dość niejednoznaczne. To mogą być: zmęczenie, bóle głowy, różne dolegliwości, a także sporadycznie pojawiające się stany gorączkowe i pocenie się. □ródło infekcji może być trudne do rozpoznania albo się nie ujawniać. Subkliniczne infekcje wirusowe, bakteryjne albo pasożytnicze mogą trwać w ukryciu w dziąsłach, zatokach, uszach, płucach, kościach, węzłach chłonnych albo jelitach. Czasem mogą zagnieżdżać się w wątrobie albo za organami brzusznymi.

Antybiotyki niekiedy nie skutkują, ponieważ infekcja może przetrwać bez tlenu (infekcja anaerobowa), organizmy mogą być odporne na leki albo do zainfekowanej tkanki nie przedostaje się na tyle dużo krwi, żeby dostarczyć leczniczą dawkę antybiotyku tam, gdzie jest potrzebna. Co więcej, wielu ludzi niezdrowo się odżywia i pali papierosy, co prowadzi do wytwarzania ropy będącej pożywką dla infekcji.

Niektórzy przez wiele lat borykają się z ukrytymi infekcjami i uznają kiepskie zdrowie za coś normalnego. Te infekcje pojawiają się w niezdrowych tkankach i uwalniają bakterie albo inne mikroorganizmy chorobotwórcze do krwiobiegu. Bakterie te mogą atakować inne organy, kiedy dojrzewają, wywołując między innymi ropnie i choroby serca. Nie należy polegać na długich terapiach antybiotykami, ponieważ zainfekowane organizmy często są odporne na ich działanie, a antybiotyki mogą poważnie uszkadzać organy.

Żeby kontrolować te ukryte infekcje wyniszczające zdrowie, musimy zregenerować martwe i zainfekowane tkanki oraz zwalczać mikroorganizmy za pomocą naturalnych antybiotyków. Na szczęście omawiane infekcje nie uodparniają się na naturalne antybiotyki.

Sok zawierający naturalne antybiotyki może okazać się dobroczynny dla osób, które cierpią z powodu:

- przewlekłego albo nawrotowego zapalenia oskrzeli albo astmy,
- rozstrzenia oskrzeli,
- mukowiscydozy,
- nawrotowych przeziębień albo nawrotowej grypy,
- nawrotowych infekcji uszu i zatok,
- nawrotowego zapalenia pęcherza moczowego albo pochwy,
- drożdżycy,
- obecności nieprzyjaznych mikroorganizmów w jelicie grubym (dysbiozy),
- infekcji żołądka *Helicobacter pylori*,
- zespołu chronicznego zmęczenia albo zespołu powirusowego,
- malarii w postaci nawrotowej,
- zmęczenia po przebyciu malarii, kleszczowego zapalenia mózgu albo infekcji wywołanej przez pasożyty jelitowe,
- nawrotowych infekcji skóry i czyraków,
- przewlekłych stanów wrzodowych,
- zakażonych torbieli,
- infekcji grzybiczych palców i paznokci,
- łupieżu,

- trądziku,
- zapalenia wątroby A, B albo C,
- przewlekłych infekcji dziąseł i zębów,
- choroby przyzębia,
- nawrotowej opryszczki,
- mononukleozy zakaźnej (wirusa Epsteina-Barra),
- sarkoidozy,
- gruźlicy,
- AIDS albo HIV,
- i właściwie każdej przewlekłej albo nawrotowej infekcji.

Sok z naturalnymi antybiotykami

✔ 1 marchew
✔ 1 burak razem z liśćmi
✔ 2 liście szpinaku
✔ 1-2 jabłka ze skórką
✔ 5 mm świeżego korzenia imbiru
✔ 5 mm korzenia chrzanu
✔ $^1/_2$-1 ząbek czosnku (niekoniecznie) albo $^1/_2$ czerwonej cebuli
✔ $^1/_2$ szklanki rzeżuchy (niekoniecznie)

Umyj wszystkie składniki, oczyść, posiekaj i włóż do sokowirówki. Rozcieńcz sok wodą albo zimną herbatą ziołową, jeśli ma zbyt intensywny smak.

Ten sok działa niczym silny antybiotyk albo antyseptyk. Pity regularnie, może zwalczać infekcje. Trzeba wypijać jedną szklankę (co najmniej 300-400 ml) soku dziennie. Niektórzy powinni wypijać nawet dwie szklanki soku dziennie.

Jeśli nie masz pewności, jak twój organizm zareaguje na tak skondensowaną porcję witamin i minerałów, zacznij od wersji rozcieńczonej wodą w stosunku 1:1. Następnie stopniowo dodawaj coraz mniej wody. Nawet jeśli okaże się, że możesz poprzestać na wersji pół na pół z wodą, nadal skorzystasz z dobroczynnych właściwości naturalnych antybiotyków.

Inne wersje:

Jeśli wolisz słodsze soki, możesz dodać 2 jabłka albo 1 gruszkę (ze skórką), albo 2 kawałki arbuza.

Działanie poszczególnych składników soku:

- Czosnek zawiera allicynę, która zwalcza infekcje i jest naturalnym antybiotykiem dla całego organizmu. I chociaż jest bardzo skuteczny, zrezygnuj z niego, jeśli twój organizm go nie toleruje.
- Chrzan jest jednym z najcenniejszych skoncentrowanych produktów spożywczych. Doskonale rozpuszcza nadmiar śluzu, zwłaszcza w układzie oddechowym.
- Cebula to naturalny antybiotyk, który leczy katar i rozpuszcza zakażony śluz.
- Jabłka pomagają przywrócić równowagę flory jelitowej i zmniejszyć liczbę nieprzyjaznych bakterii okrężnicy.
- Rzeżucha zawiera dużo siarki, która działa niczym naturalny antybiotyk i ma właściwości oczyszczające.
- Marchew zawiera dużo beta-karotenu, który wzmacnia błony śluzowe.

Należy zażywać suplementy naturalnych antybiotyków, ponieważ wzmacniają układ odpornościowy i ograniczają rozmnażanie mikroorganizmów chorobotwórczych. Do najskuteczniejszych zaliczamy:

- Kapsułki zawierające wyciąg z liści oliwki. Dzienna zalecana dawka to 2000-3000 mg w trzech porcjach (1000 mg do każdego posiłku). Dzieciom można podawać wyciąg z liści oliwek w płynie. Pediatra powinien przebadać dziecko pod kątem nawrotowych infekcji.
- Kompletny zestaw zawierający selen, cynk i witaminę C, dostępny w postaci tabletek. Zalecana dawka to 2-4 tabletki dziennie.
- Sproszkowany MSM z witaminą C. Zalecana dzienna dawka to 1 płaska łyżeczka dodana do soku. MSM to organiczna siarka w biodostępnej postaci.

Nieswoiste zapalenia jelit

Nieswoiste zapalenia jelit to grupa chorób zapalnych: wrzodziejącego zapalenia okrężnicy i choroby Leśniowskiego i Crohna. Mogą zaatakować nawet całą ścianę jelit.

Objawy nieswoistych zapaleń jelit mogą obejmować:

- spadek wagi i kiepski stan zdrowia,
- anemię,
- gorączkę,
- mdłości i wymioty,
- biegunkę, w której może być krew i/lub śluz,
- bóle brzuszne,
- niedrożność i perforację jelit (przypadki chirurgiczne).

Osoby, które cierpią z powodu nieswoistych zapaleń jelit, są bardziej narażone na raka jelit i choroby wątroby.

Przyczyny nieswoistych zapaleń jelit:

- czynniki dziedziczne,
- złe nawyki żywieniowe: wysokie spożycie przetworzonej żywności i konserwowanego mięsa, niskie spożycie surowych owoców i warzyw,
- alergie pokarmowe,
- nieprzyjazne bakterie w jelitach (dysbioza),
- nadużywanie antybiotyków i/lub chemioterapia,
- zaburzenia immunologiczne, które mogą przerodzić się w choroby autoimmunologiczne.

Sok na chorobę zapalną jelit

- ✔ 1 marchew
- ✔ 2 łodygi selera naciowego
- ✔ 2 liście kapusty albo mniszka lekarskiego
- ✔ plaster buraka o grubości 4 cm
- ✔ 1 jabłko albo gruszka
- ✔ 1 liść szpinaku

Umyj, oczyść i posiekaj wszystkie składniki. Włóż je do sokowirówki i przygotuj sok. Najlepiej zrobić tyle soku, żeby mieć 1 litr na cały dzień. Być może trzeba będzie rozcieńczyć sok wodą w stosunku 1:1, bo jelita w stanie zapalnym mogą nie poradzić sobie z tak skoncentrowaną ilością witamin i minerałów. Wypijaj niewielkie ilości (100-200 ml) rozcieńczonego soku co kilka godzin.

Inne wersje:

Możesz dodać:

- ✔ świeże morele
- ✔ albo $^1/_2$ szklanki posiekanego kopru włoskiego
- ✔ albo $^1/_2$ papai
- ✔ albo $^1/_2$ szklanki jeżyn
- ✔ albo 1 ząbek czosnku i/lub $^1/_2$ czerwonej cebuli, które działają w jelitach niczym antybiotyki

Ciepła herbata ziołowa, na przykład z prawoślazu lekarskiego, gorzknika kanadyjskiego, korzenia mniszka lekarskiego, rumianku i/lub cynamonu może zostać wykorzystana do rozcieńczenia soku, zamiast wody. Wszystkie te zioła wzmacniają jelita.

Działanie poszczególnych składników soku:

- Jeżyny zawierają roślinne substancje odżywcze, które łagodzą stany zapalne jelit.
- Jabłka mają dużo pektyny, działającej kojąco na błony śluzowe jelit.
- Morele, marchew, buraki i papaja zawierają dużo beta-karotenu, który leczy zapalenie błon śluzowych jelit.
- Mniszek lekarski oraz kapusta są bogate w siarkę organiczną, która leczy jelita i wspomaga funkcjonowanie wątroby.
- Zielone warzywa liściaste, takie jak szpinak, mają dużo witaminy K, która zmniejsza utratę krwi z błony śluzowej jelita grubego.
- Wszystkie warzywa liściaste i owoce wybrane do tego przepisu zawierają dużo potasu oraz magnezu, których ubywa z organizmu podczas biegunki.

Tropikalny koktajl wzmacniający jelita

- ✔ 1 szklanka mleczka owsianego
- ✔ 1 dojrzały banan
- ✔ 1 łyżka sproszkowanej kory czerwonego wiązu
- ✔ $^1/_2$ szklanki mleczka kokosowego
- ✔ 2 kiwi albo $^1/_2$ szklanki jeżyn, albo 6 truskawek, albo $^1/_2$ papai (możesz zmniejszyć ilości owoców, jeśli biegunka ma naprawdę ostry przebieg)

Włóż wszystkie składniki do pojemnika robota kuchennego i zmiksuj na gładką masę.

Przydatne wskazówki:

- Jedz jogurty naturalne z kulturą bakterii *Lactobacillus acidophilus*. Jeśli jesteś uczulony na produkty mleczne, wybieraj jogurty sojowe.
- Przyjmuj suplementy magnezu, cynku i selenu.
- Zwiększ spożycie tłustych ryb i oleju lnianego tłoczonego na zimno.
- Sproszkowana serwatka białkowa zwiększa spożycie białka.
- Często jedz starte jabłka.
- Nie stroń od enzymów trawiennych zawierających wyciąg z trzustki.
- Środek wspomagający okrężnicę powinien zawierać glutaminę, siarczan glukozaminy, korę wiązu czerwonego, koper włoski, bakterię *Lactobacillus acidophilus*, fruktooligosacharydy i pektynę.
- Warto całkiem wykluczyć z diety produkty mleczne i zbożowe na 6 miesięcy, żeby sprawdzić, czy w ten sposób uda się złagodzić alergie pokarmowe.

Osteoporoza

Osteoporoza to postępujący ubytek masy kostnej, do którego dochodzi w wyniku uszczuplania zapasów minerałów z kości. Stanowi problem 50% kobiet i mniej więcej jednej trzeciej mężczyzn, którzy przekroczyli 60. rok życia. Utrata minerałów zawartych w kościach wynika z osłabienia kości, które w związku z tym łatwiej się łamią i pękają. Dochodzi również do utraty tkanki łącznej w kościach, takiej jak kolagen, co sprawia, że kości stają się mniej elastyczne i bardziej kruche.

Przyczyny osteoporozy:

- czynniki genetyczne (często w jednej rodzinie kilka osób choruje na osteoporozę),
- podeszły wiek,
- brak ruchu,
- palenie,
- nadmierne spożycie alkoholu, gazowanych słodkich napojów i kofeiny,
- nadmierne spożycie cukru i białka zwierzęcego,
- problemy z tarczycą,
- efekty uboczne przyjmowania przez dłuższy czas leków, takich jak kortyzon,
- menopauza i związane z nią niedobory hormonalne,
- przedwczesna menopauza (przed 40. rokiem życia),
- niedobory minerałów i przeciwutleniaczy zawartych w pożywieniu,
- delikatna struktura kości.

Sok na osteoporozę

✔ 4 strąki fasolki szparagowej
✔ 1 marchew
✔ 2 liście szpinaku
✔ 2 łodygi natki pietruszki
✔ 1 gruszka albo jabłko
✔ 2 brukselki
✔ plaster buraka o grubości 2 cm

Umyj, oczyść, posiekaj i włóż wszystkie składniki do sokowirówki. Przygotuj sok. Dostarczy ci mnóstwo wapnia, magnezu i witaminy K, które są niezbędne dla mocnych zdrowych kości.

Koktajl na osteoporozę

✔ 1 szklanka mleczka sojowego albo kokosowego z dodatkiem wapnia
✔ 4 suszone jabłka
✔ 8 suszonych moreli
✔ 30 g nieblanszowanych migdałów

Namocz jabłka i morele w gorącej wodzie i zostaw na 1 godzinę. Odcedź owoce i ostudź. Włóż je do pojemnika robota kuchennego, dodaj wodę po namaczaniu i pozostałe składniki. Zmiksuj na gładką masę.

Migdały zawierają dużo wapnia, a suszone owoce bor, który jest ważnym budulcem kości, i niezbędny dla prawidłowego metabolizmu wapnia.

Dobre suplementy:

- kapsułki wzmacniające kości i stawy zawierające: hydroksyapatyt wapnia, magnez, cynk, miedź, krzem, skrzyp, selen, witaminę D, glukozaminę oraz mangan.

Pasożyty jelitowe

W jelitach mogą rozwijać się infekcje grzybicze, bakteryjne i pasożytnicze, w wyniku:

- spożycia zanieczyszczonej wody,
- spożycia żywności zakażonej kałem,
- podróżowania w odległe miejsca, zwłaszcza na wschód,
- spożycia konserwowanego mięsa (najbezpieczniej jeść świeże gotowane mięso),
- spożycia skorupiaków pochodzących z zakażonych wód.

Częste czynniki infekcji jelit to:

- *Helicobacter pylori*,
- drożdżaki,
- bakterie patogeniczne (chorobotwórcze),
- *Giardia lamblia*,
- *Blastocytis hominus*,
- różne robaki.

Sok na pasożyty jelitowe

- ✔ 2 liście kapusty albo mniszka lekarskiego
- ✔ 2 liście szpinaku
- ✔ 2 jabłka
- ✔ 1 ząbek czosnku albo $^1/_2$ czerwonej cebuli
- ✔ 1 cm świeżego korzenia imbiru
- ✔ 1 cm korzenia chrzanu
- ✔ 2 granaty (w sezonie), pestki i miąższ

Umyj, oczyść i posiekaj wszystkie składniki. Włóż je do sokowirówki i przygotuj sok. Wypijaj $^1/_2$ litra soku trzy razy dziennie. Możesz rozcieńczyć go wodą.

Działanie poszczególnych składników soku:

- Sezon na granaty trwa bardzo krótko, ale w dobrych sklepach ze zdrową żywnością można kupić sok z tych owoców. Jeśli akurat żaden z tych produktów nie jest dostępny, zamień granaty na pietruszkę, ogórek, seler, marchew albo buraki.
- Kapusta i mniszek lekarski zawierają dużo siarki organicznej, która pomaga eliminować pasożyty jelitowe.
- Jabłka pomagają utrzymywać równowagę flory bakteryjnej w okrężnicy.
- Czosnek, czerwona cebula, chrzan i imbir to naturalne antybiotyki, które pomagają wydalać pasożyty z organizmu.
- Szpinak łagodzi zaparcia i leczy nabłonek śluzówki przewodu pokarmowego.

Przydatne wskazówki:

- Naturalne antybiotyki to wyciąg z liści oliwki, zioła Uva Ursi i wyciąg z pestek grejpfruta.
- Czosnek i chrzan w kapsułkach łykaj do każdego posiłku.
- Unikaj rafinowanych cukrów, przetworzonej żywności i konserwowanego mięsa.

Pielęgnacja zdrowia

Być może na nic nie chorujesz i nie masz problemów zdrowotnych opisanych w tej książce. To wspaniała wiadomość. Ale mimo to nie możesz spocząć na laurach. Twoje komórki nadal potrzebują ważnych substancji odżywczych, które dostarczają energii i zwiększają odporność organizmu potrzebną każdego dnia.

Dlaczego zatem nie podnieść swoich akcji na rynku zdrowia i nie poczęstować się ze szwedzkiego stołu substancji odżywczych zawartych w przepysznych sokach? Istnieje wiele rozmaitych soków, które dodają energii i tym samym pomagają zmierzyć się z licznymi wyzwaniami codziennego życia.

Możesz przygotować sok z dwóch dowolnie wybranych owoców, na które aktualnie jest sezon albo wypróbować jedną z poniższych propozycji:

Przygotuj sok z:

- równych ilości marchwi i jabłek oraz 5 mm świeżego korzenia imbiru,
- równych ilości marchwi, selera, pomidorów i jabłek oraz $^1/_2$ szklanki posiekanej pietruszki i 4-6 liści mięty,
- równych ilości buraków, jabłek i gruszek oraz 1 cm świeżego korzenia imbiru i $^1/_2$ szklanki posiekanej pietruszki,
- jednej pomarańczy, jednej cytryny, jednej dużej marchwi albo 1 cm świeżego korzenia imbiru i 1 szklanki posiekanej pietruszki,
- równych ilości śliwek i grejpfruta oraz 1 łyżeczki miodu,
- jednej gruszki, jednego czerwonego jabłka, jednej średniej cytryny, jednej łyżeczki miodu i szczypty cynamonu,
- 4 świeżych moreli bez pestek, jednej małej cytryny i $^1/_2$ łyżeczki miodu,
- 4 śliwek bez pestek, jednej małej pomarańczy, szczypty gałki muszkatołowej i 2 liści mięty.

Problemy trawienne

Problemy trawienne mogą być przyczyną:

- bólów brzucha i dolegliwości po jedzeniu,
- zatrzymywania płynów w brzuchu po jedzeniu,
- zmęczenia i bólów głowy po jedzeniu,
- mdłości i braku apetytu,
- nieświeżego oddechu i obłożonego języka,
- wymiotów,
- refluksu gastrycznego i zgagi wywołującej ból w klatce,
- wrzodów trawiennych,
- niedoborów substancji odżywczych.

Przyczyny problemów trawiennych:

- stres spowodowany trybem życia i problemami rodzinnymi/zawodowymi,
- alergie pokarmowe,
- niewystarczająca produkcja enzymów trawiennych w trzustce,
- niewystarczająca produkcja kwasu hydrochlorowego i pepsyny w żołądku,
- nieprzyjazne bakterie w żołądku i jelicie cienkim,
- infekcja wywołana przez drożdżaki albo bakterię *Helicobacter pylori*,
- przepuklina brzuszna,
- efekty uboczne leków.

Infekcja wywołana bakterią *Helicobacter pylori*

Bakteria *Helicobacter pylori* zakaża nabłonek śluzowy żołądka, w wyniku czego powstaje stan zapalny nabłonka żołądka i dwunastnicy, co może doprowadzić do powstawania wrzodów trawiennych. U niektórych chorych nie występują żadne objawy. U innych pojawiają się mdłości, nieświeży oddech, nadmiar gazów, zatrzymywanie płynów w organizmie i pieczenie w żołądku. *Helicobacter pylori* jest wydalana z organizmu w stolcu, a zatem do zakażenia dochodzi przez dotknięcie nieumytych rąk osoby zakażonej, zjedzenie zakażonej żywności albo wypicie zakażonej wody. W ten sposób cała rodzina może paść ofiarą wspomnianej bakterii. Poniższy przepis na sok dostarczy organizmowi dużo enzymów, które pomagają rozkładać i wchłaniać substancje chemiczne.

Sok nr 1

Pomaga na wrzody trawienne, zapalenie żołądka i jelit, zgagę i chorobę refluksową przełyku.

✔ 1 duże czerwone jabłko ze skórką albo duża gruszka ze skórką
✔ 2 łodygi selera naciowego
✔ 1 szklanka kiełków lucerny
✔ 1 średnia marchew
✔ 1-2 duże liście kapusty (np. kapusty pekińskiej)
✔ 1 garść drylowanych czarnych wiśni

Umyj i posiekaj wszystkie składniki. Przygotuj z nich sok. Wypijaj jedną szklankę soku dziennie. Możesz rozcieńczyć go wodą w stosunku 1:1, jeśli uznasz, że jest za mocny. Dodaj 1 łyżkę soku aloesowego i/lub sproszkowanej *Lactobacillus acidophilus*, a otrzymasz dodatkowe korzyści.

Działanie poszczególnych składników soku:

- Kapusta leczy żołądek.
- Jabłka zawierają pektynę, która działa kojąco.
- Gruszki wspomagają trawienie i nadają się dla osób z alergiami pokarmowymi.
- Wiśnie pomagają regulować wydzielanie soków trawiennych.
- Marchew zawiera dużo beta-karotenu, który leczy błony śluzowe.

Sok nr 2

Pomaga na trawienie.

✔ $^1/_3$ ananasa ze skórą
✔ 1 pomarańcza albo $^1/_2$ grejpfruta
✔ $^1/_3$ ogórka
✔ 1 jabłko ze skórką
✔ 2 plastry papai
✔ 1 łyżeczka miodu albo mała szczypta sproszkowanej stewii (naturalnego słodzika)

Wytnij suche grube kawałki z plastrów ananasa, ale zostaw możliwie jak najwięcej zielonej skóry. Cienko obierz cytrusy, zostawiając możliwie jak najwięcej białego włókna. Umyj wszystkie składniki i włóż do sokowirówki. Przygotuj sok, dodaj miód albo stewię. Wypijaj 2 szklanki soku dziennie, pół godziny przez posiłkiem.

Działanie poszczególnych składników soku:

- Papaja i ananas zawierają naturalne enzymy trawienne, takie jak papaina i bromelina.
- Ogórek zawiera erepsynę, enzym wspomagający trawienie białek.

Sok nr 3

Pomaga na infekcje żołądka, na przykład te wywołane bakterią *Helicobacter pylori.*

✔ $^{1}/_{4}$ ananasa (obranego)
✔ $^{1}/_{2}$ szklanki posiekanego kalafiora z łodygami i liśćmi
✔ $^{1}/_{2}$ szklanki rzeżuchy
✔ 2 liście kapusty (zielone)
✔ 1 czerwona rzodkiewka z liśćmi
✔ $^{1}/_{2}$-1 ząbek czosnku (niekoniecznie)
✔ 1 granat, pestki i miąższ (w sezonie)

Umyj, posiekaj i włóż wszystkie składniki do sokowirówki. Wypijaj jedną szklankę soku dziennie albo częściej, jeśli trzeba. Możesz rozcieńczyć go wodą albo zimną herbatą ziołową. Żeby otrzymać słodszy smak, można dodać do soku 1 średnią marchew albo średnie jabłko.

Działanie poszczególnych składników soku:

- Imbir jest naturalnym lekiem, który poprawia trawienie i pomaga na mdłości.
- Rzodkiewka działa niczym naturalny antybiotyk i wspomaga funkcjonowanie wątroby.
- Granat zwalcza pasożyty jelitowe, takie jak robaki, ameba, *Giardia lamblia* czy *Helicobacter pylori.*

Sok nr 4

Pomaga zmniejszyć gazy i zapobiega zatrzymywaniu płynów w żołądku.

- ✔ 1 liść kapusty
- ✔ 1 cm świeżego korzenia imbiru (jeżeli sok jest za ostry, możesz zmniejszyć ilość)
- ✔ 3 kawałki świeżego ananasa (możesz zwiększyć ilość)
- ✔ 4-6 liści mięty

Umyj, posiekaj i włóż wszystkie składniki do sokowirówki. Wypijaj jedną szklankę soku 2 razy dziennie albo częściej, jeśli trzeba.

Koktajl na wrzody trawienne

- ✔ 1 dojrzały banan
- ✔ 1 jabłko albo mała kiść ciemnych winogron bez pestek
- ✔ 4 truskawki
- ✔ 1 łyżka sproszkowanej kory wiązu czerwonego (możesz zmniejszyć ilość)
- ✔ 1 szklanka mleczka owsianego albo kokosowego

Umyj, oczyść i posiekaj wszystkie składniki. Włóż do pojemnika robota kuchennego i zmiksuj na gładką masę. Jeśli nie dopisuje ci apetyt, dodaj 1 łyżkę sproszkowanej serwatki białkowej.

Przydatne wskazówki:

- Enzymy trawienne, takie jak pankreatyna, można przyjmować do każdego posiłku. Najskuteczniejsze enzymy zawierają wyciąg z trzustki. Podczas każdego posiłku wypijaj powoli małą szklankę wody z dodatkiem 1 łyżki octu jabłkowego i 1 łyżeczki miodu.
- Nasiona szałwii argentyńskiej leczą owrzodzone jelito grube w stanie zapalnym. Możesz namoczyć je w wodzie, zostawić na całą noc, a potem zjeść na zimno albo na ciepło z mleczkiem owsianym.
- Sproszkowana L-glutamina koi nabłonek żołądka.

Problemy z cholesterolem

Ogólny cholesterol składa się z dobrego cholesterolu HDL i złego cholesterolu LDL. Cholesterol HDL chroni nas przed chorobami układu krążenia.

Najbardziej pospolite problemy z cholesterolem to:

- niski poziom cholesterolu HDL we krwi,
- wysoki poziom cholesterolu LDL we krwi,
- wysoki poziom tłuszczów o nazwie triglicerydy we krwi.

Pożądane poziomy tłuszczów we krwi

Tłuszcze	Norma (w mmol/L)
Ogólny cholesterol	3,9-4,5 (poniżej 20. roku życia)
Ogólny cholesterol	3,9-5,5 (powyżej 20. roku życia)
Triglicerydy	0,1-2,0
Cholesterol LDL	0,5-3,5
Cholesterol HDL	1,0-1,9 (mężczyźni)
Cholesterol HDL	1,2-2,3 (kobiety)

Stosunek ogólnego cholesterolu do cholesterolu HDL równa się poziomowi ryzyka zachorowania na choroby serca w następujący sposób:

Stosunek ogólnego cholesterolu do HDL	Poziom ryzyka chorób serca
2,5-3,5	Poniżej średniego (pożądanego)
3,5-5,5	Średni
5,6-8,3	Wysoki
>8,3	Bardzo wysoki

Przyczyny nieprawidłowego poziomu tłuszczów we krwi

Wysokie spożycie niezdrowych tłuszczów, takich jak kwasy tłuszczowe trans zawarte w margarynach i uwodornionych olejach roślinnych, a także tłustego mięsa, pełnotłuszczowych produktów mlecznych oraz smażonych potraw może podnosić poziom cholesterolu. Z powodu wysokiego spożycia cukru i rafinowanych węglowodanów poziom triglicerydów może podnieść się niebezpiecznie wysoko. Wysoki poziom triglicerydów w połączeniu z niskim poziomem cholesterolu HDL stanowi najgroźniejszy czynnik ryzyka chorób układu krążenia.

Zaburzenia czynności wątroby mogą doprowadzić do podnoszenia się poziomu cholesterolu, ponieważ to właśnie wątroba produkuje cholesterol HDL i LDL. Zdrowa wątroba kontroluje poziom cholesterolu. Także stłuszczeniowa choroba wątroby może mieć związek ze zbyt wysokim poziomem cholesterolu.

Syndrom X, czyli brak równowagi chemicznej, z powodu którego tłuszcz odkłada się w ciele, powstaje w wyniku zaburzenia czynności insuliny. Syndrom X jest przyczyną nieprawidłowych poziomów cholesterolu i triglicerydów. Żeby uzyskać więcej informacji na temat planu żywieniowego pomagającego walczyć z syndromem X, zajrzyj do mojej nowej książki zatytułowanej „Can't Lose Weight? You could have Syndrome X – the chemical imbalance that makes you store fat".

Dziedziczenie także może tłumaczyć niezdolność wątroby do regulowania produkcji cholesterolu.

Sok dla osób z wysokim poziomem cholesterolu

✔ 2 liście mniszka lekarskiego albo kapusty
✔ 1 ząbek czosnku albo 1/2 czerwonej cebuli
✔ 1 pomarańcza
✔ 1 grejpfrut
✔ 1 jabłko
✔ 1 rzodkiewka z liśćmi

Umyj, oczyść i posiekaj wszystkie składniki. Włóż je do sokowirówki i przygotuj sok. Podczas obierania postaraj się zostawić na cytrusach jak najwięcej białego włókna, które zawiera dużo bioflawonoidów. Rozcieńcz sok wodą albo zimną herbatą ziołową, jeśli zajdzie taka potrzeba.

Dobre suplementy i produkty spożywcze:

- witamina C i bioflawonoidy,
- lecytyna,
- sproszkowane nasiona babki jajowatej,
- otręby,
- surowe orzechy, ziarna i gotowane warzywa strączkowe,
- dobry środek tonizujący wątrobę w proszku albo w kapsułkach.

Problemy ze skórą

Wygląd skóry odzwierciedla stan zdrowia, a zatem wszystko to, co dzieje się wewnątrz ciała. Skóra pomaga regulować temperaturę ciała poprzez pocenie. Odgrywa również istotną rolę w eliminowaniu z organizmu toksyn i odpadowych produktów przemiany energii. Skóra wykorzystuje światło słoneczne do syntezy witaminy D, która jest bardzo ważna dla układu odpornościowego i kości.

Skóra bywała nazywana trzecią nerką, ponieważ jej wygląd odzwierciedla nagromadzenie się odpadowych produktów przemiany materii w organizmie, do którego dochodzi, kiedy inne kanały wydalnicze, takie jak wątroba, jelita czy nerki, są przeładowane. Jeśli poprawisz funkcjonowanie tych organów, poprawi się wygląd twojej skóry.

Najczęstsze problemy ze skórą:

- egzema (znana również jako zapalenie skóry),
- łuszczyca,
- brązowe plamy (znane również jako plamy wątrobowe),
- rak skóry,
- zmarszczki i starzenie się skóry,
- suchość skóry,
- swędzenie (znane również pod nazwą świąd),
- infekcje skóry wywołane przez wirusy, grzyby i bakterie,
- trądzik,
- bielactwo, czyli depigmentacja skóry.

Najczęstsze przyczyny problemów ze skórą:

- czynniki dziedziczne (w jednej rodzinie często kilka osób ma egzemę albo łuszczycę),
- stres i niepokój,
- niewykryte zaburzenia immunologiczne,
- zaburzenia funkcjonowania wątroby,
- zbyt częste wystawianie skóry na działanie promieni słonecznych i/lub silnie działających substancji chemicznych oraz mydła,
- kontakt ze środkami drażniącymi i alergenami,
- zaburzenia hormonalne,
- niedobory substancji odżywczych.

Polecane połączenia soków dla zdrowej skóry

Poniższa tabela proponuje połączenia, które mogą być dobroczynne dla skóry, leczyć ją i pielęgnować. Możesz pić sok z jednego z tych składników albo łączyć je ze sobą dowolnie, wedle uznania. I możesz spróbować przygotować własne propozycje soków.

Idealna mieszanka składa się z 1-2 zielonych warzyw i 3-4 innych składników.

Zielone warzywa	Inne składniki	Inne składniki
Ogórek	Winogrona	Śliwki
Sałata	Jabłka	Truskawki
Kapusta	Morele	Mango
Rzeżucha	Gruszki	Pomarańcze
Liście mniszka lekarskiego	Marchew	Pomidory

Wybieraj dojrzałe, ładne owoce i warzywa. Jeśli masz wzdęcia, rozcieńczaj sok wodą albo zmniejsz liczbę składników. Musisz wypijać co najmniej 500 ml soku dziennie, żeby widzieć efekty.

Sok pielęgnujący skórę

- ✔ 1 marchew
- ✔ 1/2 buraka z liśćmi
- ✔ 2 łodygi selera naciowego z liśćmi
- ✔ 1/2 ogórka
- ✔ 2 liście szpinaku i mniszka lekarskiego
- ✔ 1 grejpfrut albo pomarańcza razem z białym włóknem

Umyj, oczyść, posiekaj i włóż wszystkie składniki do sokowirówki. Możesz rozcieńczyć sok wodą albo zimną herbatą cytrynowo-miodową.

Inne popularne soki na piękną skórę

Truskawkowa pielęgnacja

- ✔ 500 g świeżych truskawek (najlepiej organicznych)
- ✔ 1 pomarańcza
- ✔ 3 świeże liście mięty

Możesz dodać jedną łyżeczkę miodu, jeśli chcesz. Miód zwalcza mikroby i ożywia smak napojów. Umyj, oczyść, posiekaj i włóż wszystkie składniki do sokowirówki. Przelej sok do szklanki z kilkoma kostkami lodu na dnie. Na koniec dodaj kilka całych świeżych truskawek.

Koktajl pomidorowy

Równe ilości jabłek i pomidorów z dodatkiem 2-3 liści świeżej bazylii.

Działanie poszczególnych składników:

- Świeży sok pomidorowy zawiera witaminę C i oczyszcza wątrobę. Efekty widać na skórze, która staje się czystsza i jaśniejsza.
- Sok jabłkowy pomaga przyswajać pokarm i zwiększa wykorzystanie substancji odżywczych zawartych w innych składnikach soku.
- Bazylia pomaga w trawieniu i oczyszcza skórę.

Koktajl rodzynkowy

- ✔ $^1/_2$ szklanki rodzynek
- ✔ 1 pomarańcza albo mały grejpfrut
- ✔ $^1/_2$ szklanki świeżych winogron
- ✔ 1 gruszka
- ✔ 1 średnia marchew
- ✔ szczypta zmielonej gałki muszkatołowej

Namocz rodzynki w czystej wodzie i zostaw na całą noc. Obierz, oczyść i posiekaj pozostałe składniki. Włóż je do sokowirówki i przygotuj sok. Przełóż rodzynki razem z wodą do pojemnika robota kuchennego, dodaj sok owocowy i zmiksuj na gładką masę. Przelej do szklanki i posyp gałką muszkatołową.

Przydatne wskazówki

- Nienasycone kwasy tłuszczowe są niezbędne dla suchej, swędzącej skóry w stanie zapalnym. Najlepszym ich źródłem są olej lniany tłoczony na zimno, olej z wiesiołka, olej z ogórecznika i tłuste ryby, takie jak sardynki, łosoś czy tuńczyk. Surowe orzechy i ziarna również stanowią doskonałe źródło nienasyconych kwasów tłuszczowych.
- Selen i cynk są niezbędne dla zdrowej skóry, walczą z infekcjami i zapobiegają powstawaniu komórek rakowych.
- Siarka organiczna może być przyjmowana w postaci sproszkowanego MSM. Znajduje się również w roślinach kapustnych, takich jak kalafior, kapusta, brukselka czy brokuły, warzywach z rodziny cebuli (czosnku, porze, szalotkach). Siarka oczyszcza i pielęgnuje skórę.
- Wszystkie te suplementy i produkty spożywcze są bardzo ważne i trzeba przyjmować je regularnie.

Problemy z libido

Libido, albo inaczej popęd seksualny, jest narażone na działanie różnych czynników i często wiele okoliczności życiowych wpływa na nie niekorzystnie. Libido różni się w zależności od osoby i dlatego to, co dla jednych może być normalne, innym może wydawać się drastycznie odbiegające od normy.

Przyczyny słabego libido:

- stres i depresja,
- przewlekły ból,
- ból fizyczny albo dolegliwości podczas stosunku seksualnego,
- ogólny zły stan zdrowia,
- zła dieta, w której brakuje minerałów i witamin,
- nadmierne spożycie alkoholu,
- zaburzenia hormonalne, a w szczególności brak estrogenu i/lub testosteronu.

Sok zwiększający libido

✔ 150 g guajawy albo kiwi
✔ 2 owoce męczennicy
✔ 2 pomarańcze albo 1 duży grejpfrut
✔ 1 surowe jajko

Umyj, oczyść i posiekaj wszystkie owoce poza owocami męczennicy. Włóż je do sokowirówki i przygotuj sok. Wlej sok do pojemnika robota kuchennego, dodaj miąższ owoców męczennicy i jajko. Zmiksuj. Wypijaj jedną szklankę soku 2 razy dziennie.

Ten sok podniesie poziom energii, zwiększy zmysłowość i poprawi krążenie w ważnych częściach miednicy.

Dobre suplementy:

- zioła: żeń-szeń, damiana, buzdyganek ziemny, sarsaparyla, owies zwyczajny, *Muira puama*, miłorząb dwuklapkowy,
- witaminy E i C,
- cynk i magnez.

(Wszystkie powyższe składniki można znaleźć w jednym specjalnie przygotowanym zestawie w kapsułkach).

- zastępcza terapia hormonalna wykorzystująca naturalny estrogen i/lub testosteron.

Pobudzenie libido może okazać się bardzo owocne.

Problemy z oczami

Do najczęstszych problemów związanych z oczami zaliczamy:

- starczowzroczność, która pojawia się po 40. roku życia i wymaga noszenia okularów,
- zamglenie soczewek (katarakta),
- zwyrodnienie tylnej części oka (siatkówki), najpopularniejsza postać zwyrodnienia plamki żółtej,
- przemęczenie oczu,
- podwyższone ciśnienie w oku (jaskra),
- odklejanie siatkówki oka,
- wylew albo zakrzepy krwi w oczach.

Częste przyczyny problemów z oczami:

- wpływ komputera, świateł fluorescencyjnych i zanieczyszczenia środowiska,
- odwodnienie,
- palenie papierosów,
- nadmierne spożycie alkoholu i kawy,
- wysokie ciśnienie krwi,
- zaburzenia immunologiczne,
- wirusowe albo bakteryjne infekcje oczu,
- słabe krążenie (miażdżyca tętnic),
- niskie spożycie surowych produktów spożywczych i przeciwutleniaczy.

Świeżo wyciskane soki pomagają na problemy z oczami. Unikaj palenia papierosów i wysokiego spożycia kofeiny oraz alkoholu. Chorzy na cukrzycę i osoby z wysokim ciśnieniem krwi muszą pozostawać pod ścisłą kontrolą lekarza, żeby między innymi chronić oczy.

Sok chroniący oczy nr 1

✔ 1 szklanka posiekanej pietruszki
✔ 1 marchew
✔ 2 świeże morele (w sezonie)
✔ 1 dymka albo ząbek czosnku
✔ 1 łodyga selera naciowego
✔ 1 średni burak
✔ 1 liść mniszka lekarskiego albo kapusty

Umyj, oczyść i włóż wszystkie składniki do sokowirówki. Wypijaj 1-2 szklanki soku dziennie.

Działanie poszczególnych składników soku:
- Pietruszka zawiera dużo witaminy C, która jest przeciwutleniaczem i chroni oczy.
- Dymka zawiera witaminę B i cynk, które dbają o oczy.
- Marchew, morele i liście mniszka lekarskiego zawierają dużo beta-karotenu chroniącego oczy.

Sok chroniący oczy nr 2
- 1 marchew
- 1 średni burak z liśćmi
- 2 liście mniszka lekarskiego (jeśli są dostępne)
- 1 pomarańcza
- 1 grejpfrut (podczas obierania zostaw możliwie jak najwięcej białego włókna)
- 2 liście szpinaku
- $^1/_2$-1 ząbek czosnku (niekoniecznie)

Umyj, oczyść i posiekaj wszystkie składniki. Włóż je do sokowirówki i przygotuj sok. Wypijaj 1-2 szklanki soku dziennie. Możesz rozcieńczyć go wodą albo zimną herbatą ziołową.

Działanie poszczególnych składników soku:
- Marchew, mniszek lekarski i buraki poprawiają zdolność widzenia w ciemnościach.
- Grejpfruty i pomarańcze zawierają dużo witaminy C, która przeciwdziała katarakcie.
- Szpinak ma dużo chlorofilu, który zapobiega utlenianiu.
- Czosnek rozrzedza krew i poprawia krążenie w oczach.

Dobre suplementy:
- zioła: miłorząb japoński, kasztanowiec i czarna jagoda,
- minerały: selen, cynk i magnez,
- kwas liponowy,

- nienasycone kwasy tłuszczowe zawarte na przykład w oleju lnianym tłoczonym na zimno i oleju z wiesiołka,
- witaminy C i E.

Problemy z sercem

W dzisiejszych czasach choroby serca stanowią główną przyczynę śmierci. Ponadto pojawiają się coraz częściej z powodu starzenia się społeczeństwa. Wielu chorym na serce przepisuje się leki pozwalające kontrolować ciśnienie krwi, zakrzepy krwi i funkcjonowanie mięśnia sercowego. Mogą one uśmierzać bóle towarzyszące dusznicy, niewydolności i arytmii serca (palpitacjom), a nawet chronić przed śmiercią. Tym niemniej, nawet jeśli zażywasz leki, świeżo wyciskane soki nadal mogą zmniejszyć czynniki ryzyka powstawania chorób serca, dostarczając twojemu organizmowi przeciwutleniacze, które chronią naczynia krwionośne oraz mięsień sercowy. Jeśli chorujesz na serce, koniecznie musisz regularnie mierzyć ciśnienie krwi oraz poziom cholesterolu i triglicerydów, a także utrzymywać prawidłową wagę.

Najczęstsze choroby serca:

- choroba wieńcowa (miażdżyca tętnic dostarczających krew do serca), która często wywołuje dusznicę bolesną albo atak serca (zawał mięśnia sercowego),
- niewydolność serca spowodowana osłabieniem mięśnia sercowego,
- choroby zastawek serca,
- zapalenie mięśnia sercowego (kardiomiopatia) powstałe w wyniku infekcji wirusowych albo chorób autoimmunologicznych.

Sok na choroby serca nr 1

✔ 3 łodygi selera naciowego
✔ $^1/_2$ szklanki czerwonych albo czarnych owoców leśnych
✔ 1 pomidor (organiczny albo dojrzały w słońcu)
✔ 1 grejpfrut
✔ 1 czerwona cebula
✔ 1 ząbek czosnku (niekoniecznie)

Umyj, oczyść i posiekaj wszystkie składniki. Włóż je do sokowirówki i przygotuj sok. Rozcieńcz sok wodą, jeśli chcesz.

Sok na choroby serca nr 2

✔ 1 marchew
✔ 1 rzepa
✔ 1 dymka
✔ 2 liście mniszka lekarskiego
✔ 1 czerwona papryka
✔ 1 pomarańcza
✔ 1 por

Umyj, oczyść i posiekaj wszystkie składniki. Włóż je do sokowirówki i przygotuj sok. Rozcieńcz sok wodą, jeśli chcesz.

Dobre suplementy:

- magnez, cynk i selen,
- witamina E,
- witamina C i bioflawonoidy,
- olej lniany tłoczony na zimno.

Można je stosować jedynie za zgodą lekarza.

Problemy z wątrobą

Wątroba jest największym i najcięższej pracującym organem w ciele człowieka. Filtruje i oczyszcza krew, a także reguluje metabolizm tłuszczu i węglowodanów. Mówiąc wprost, wątroba jest głównym organem spalającym tłuszcz i dlatego jej stan ma wiele wspólnego z masą ciała. Zdrowa wątroba usuwa z krwiobiegu toksyny, martwe komórki i inne pozostałości, chroniąc w ten sposób układ odpornościowy. Wielu ludzi z problemami immunologicznymi choruje również na wątrobę.

Przyczyny problemów z wątrobą:

- zła dieta oparta głównie na niezdrowych tłuszczach i rafinowanych węglowodanach, w której brak surowych owoców i warzyw,
- infekcje wirusowe, takie jak żółtaczka typu A, B i C, itp.,
- przeładowanie żelazem (hemochromatoza) albo miedzią (choroba Wilsona),
- efekty uboczne leków,
- nadużywanie alkoholu i leków,
- zaburzenia immunologiczne, takie jak choroby autoimmunologiczne,
- choroby dróg żółciowych, które mogą dotykać również wątrobę,
- stłuszczeniowa choroba wątroby (przenikanie do wątroby niezdrowych tłuszczów).

Objawy problemów z wątrobą:

- otyłość brzuszna (duży brzuch),
- niemożność schudnięcia,
- wysoki poziom cholesterolu i triglicerydów,
- stłuszczeniowa choroba wątroby,
- problemy z pęcherzem moczowym,
- hemoroidy,
- zatrzymywanie płynów w brzuchu,
- przegrzanie organizmu,
- problemy ze skórą, takie jak wysypka czy brązowe „plamy wątrobowe",
- nieświeży oddech, obłożony język, cienie pod oczami i czerwone swędzące oczy,
- zaburzenia immunologiczne, takie jak alergie i choroby autoimmunologiczne,
- zabarwione na żółto skóra i oczy we wczesnym stadium żółtaczki.

Sok oczyszczający wątrobę

- ✔ 2 liście mniszka lekarskiego albo szpinaku, albo kapusty
- ✔ $^1/_2$ szklanki różyczek brokułów
- ✔ 1 szklanka różyczek kalafiora albo 2 duże brukselki
- ✔ 1 ząbek czosnku albo mała rzodkiewka (niekoniecznie)
- ✔ $^1/_2$ szklanki posiekanej pietruszki
- ✔ 1 czerwone jabłko

Umyj, oczyść i posiekaj warzywa. Włóż je do sokowirówki i przygotuj sok. Zawiera dużo witaminy C i związki siarki oczyszczające wątrobę. Możesz rozcieńczyć sok wodą, zimną herbatą ziołową albo owocową w stosunku 1:1. Wypijaj $^1/_2$-1 litra soku dziennie.

Inne wersje:
Jeśli chcesz otrzymać słodszy sok, możesz dodać 1-2 z następujących produktów: truskawki, winogrona, marchew albo buraki. Pamiętaj, że jeśli połączysz winogrona z marchwią, możesz mieć później wzdęcia.

Sok tonizujący wątrobę

- ✔ 1 marchew
- ✔ 125 g świeżych szparagów
- ✔ 125 g ogórka ze skórką
- ✔ 1 jabłko
- ✔ 2 liście mniszka lekarskiego albo kapusty

Umyj, oczyść i posiekaj wszystkie składniki. Włóż je do sokowirówki i przygotuj sok. Wypijaj 2-3 szklanki soku dziennie.

Stłuszczeniowa choroba wątroby

Stłuszczeniowa choroba wątroby jest powszechnym problemem wśród ludzi z nadwagą albo cukrzycą i wśród alkoholików. Najczęstszą przyczyną jest nieprawidłowa dieta oparta głównie na tłustym mięsie, smażonych potrawach, przekąskach, przetworzonej żywności, rafinowanym cukrze i margarynie. We wspomnianej diecie często brakuje surowych warzyw i owoców, których potrzebuje wątroba do skutecznego metabolizmu tłuszczów. Stłuszczeniowa choroba wątroby pojawia się również u otyłych dzieci, którym brakuje ruchu i które źle się odżywiają.

Sok na stłuszczeniową chorobę wątroby

- ✔ 2 liście mniszka lekarskiego albo kapusty
- ✔ 2 marchwie
- ✔ 1 ząbek czosnku albo plaster czerwonej cebuli o grubości 5 cm
- ✔ 1/2 szklanki posiekanej pietruszki
- ✔ 1 czerwona rzodkiewka z liśćmi
- ✔ plaster kopru włoskiego o grubości 1 cm
- ✔ 1/2 cytryny
- ✔ plaster buraka o grubości 5 cm

Umyj, oczyść i posiekaj wszystkie składniki. Włóż je do sokowirówki i przygotuj sok. Wypijaj 2-3 małe szklanki soku dziennie.

Inne wersje:

Ten sok może mieć bardzo intensywny smak, dlatego możesz rozcieńczyć go sokiem z rodzynek. Namocz 1 szklankę rodzynek w takiej ilości wody, żeby całkiem je zakryła. Odstaw na kilka godzin, a najlepiej na całą noc. Następnie przełóż rodzynki razem z wodą do sokowirówki, przygotuj sok i dodaj do wcześniej przygotowanego soku na stłuszczeniową chorobę wątroby. Ewentualnie możesz dodać do soku 1-2 jabłka.

Także grejpfrut ma właściwości dobroczynne dla wątroby. Zetrzyj albo posiekaj całego grejpfruta razem z pestkami, białym włóknem i skórą. Włóż do słoika, zalej wodą, zamknij i zostaw na całą noc. Odcedź płyn i wypij.

Jeśli chcesz uzyskać lepszy smak, dodaj jedną szklankę zimnej herbaty z dodatkiem cytryny, imbiru i miodu, trochę soku z czosnku (niekoniecznie) oraz startej gałki muszkatołowej.

Sok pobudza wątrobę do spalania tłuszczu i wydalania go w żółci do jelit. Dlatego też wspomaga odchudzanie. Wszystkie proponowane powyżej soki poprawiają funkcjonowanie wątroby i wspomagają regenerację komórek wątroby.

Lepsze funkcjonowanie wątroby gwarantuje skuteczniejszą walkę z wieloma problemami trawiennymi i alergiami. Inna korzyść wynika z faktu, że przeciążony układ odpornościowy zostaje odciążony. W ten sposób wzmacnia się.

Dobre suplementy:

- środek tonizujący wątrobę w proszku albo kapsułkach, zawierający: ostropest plamisty, karczochy, mniszek lekarski, taurynę, lecytynę, korę wiązu czerwonego i miętę.

Rak

Chorzy na raka muszą na różne sposoby wzmacniać układ odpornościowy, żeby lepiej zwalczał rozprzestrzeniające się komórki rakowe. Wielu z nich, zwłaszcza w zaawansowanym stadium choroby, nie jest w stanie przyjmować dużych posiłków, ma mdłości i kiepski apetyt. Dlatego też często nie mogą dostarczyć organizmowi wystarczających ilości substancji odżywczych pochodzących z gotowanych posiłków i/lub dużych ilości surowych owoców oraz warzyw. Wyciskane soki stanowią zatem doskonałą alternatywę, której nie należy lekceważyć. Zawierają skoncentrowane ilości przeciwutleniaczy i roślinnych substancji odżywczych, wzmacniających układ odpornościowy. Bez nich zwykle bardzo trudno jest zapewnić wystarczającą ilość substancji odżywczych i tym samym wzmacniać układ odpornościowy.

Sok dla chorych na raka

- ✔ 2 liście szpinaku albo mniszka lekarskiego
- ✔ 1 jabłko
- ✔ $^1/_2$ papai
- ✔ 1 marchew
- ✔ 1 ząbek czosnku albo dymka
- ✔ $^1/_2$ buraka
- ✔ 2 grzyby shiitake bez nóżek (kapelusze oczyszczone)
- ✔ 3 krople wyciągu z *Echinacei* (dostępnej w sklepach ze zdrową żywnością)

Umyj, posiekaj i włóż wszystkie składniki do sokowirówki. Dla urozmaicenia od czasu do czasu można zamienić niektóre składniki na: mango, brokuły, brukselkę, liście kapusty, kalafior, kelp, kapustę bok choy, czerwoną cebulę, gruszkę i właściwie każde warzywo o jasnym/intensywnym kolorze.

Koktajl wzmacniający układ odpornościowy

- ✔ 1 szklanka mleczka owsianego, migdałowego, kokosowego albo sojowego
- ✔ 1 banan albo $^1/_2$ dużego mango
- ✔ 1 łyżka sproszkowanej serwatki białkowej
- ✔ 2 krople aromatu waniliowego (niekoniecznie)
- ✔ 1 łyżka świeżo zmielonego siemienia lnianego
- ✔ $^1/_4$ łyżeczki startej gałki muszkatołowej do posypania koktajlu

Włóż wszystkie składniki do pojemnika robota kuchennego i miksuj na gładką masę. Podawaj z trzema świeżymi organicznymi truskawkami albo $^1/_2$ szklanki czarnych albo czerwonych owoców leśnych.

Dobre suplementy:

- witamina C,
- selen i cynk,
- *Echinacea*,
- Laktoferyn, który znajduje się między innymi w skoncentrowanej serwatce białkowej.

Trądzik

Trądzik może pozostawiać trwałe blizny na twarzy, a do tego prowadzić do niskiej samooceny i cierpienia psychicznego, powodując nieopisane katusze. Kiedy przepływ substancji oleistych zostaje zablokowany w skórze, staje się ona podrażniona i powstaje stan zapalny. Jedzenie rafinowanego cukru, pełnotłustych produktów mlecznych i smażonych potraw potęguje objawy trądziku.

Nagły przypływ hormonów, zwłaszcza testosteronu, w okresie dorastania może wywoływać ostry trądzik. Pojawienie się trądziku u osób dorosłych może wynikać z zaburzeń hormonalnych, zwłaszcza z niedoboru estrogenu. Kobiety z zespołem policystycznych jajników wytwarzają zbyt duże ilości męskich hormonów, co może być przyczyną trądziku.

Trądzik różowaty bardzo często pojawia się u osób dorosłych. Objawia się czerwoną wysypką wokół policzków, nosa i brody. Trądzik różowaty pojawia się w wyniku połączenia zaburzeń hormonalnych z zaburzeniami funkcjonowania wątroby.

Skóra, największy organ oczyszczający ciała, pracuje ze zdwojonym wysiłkiem, żeby usunąć z organizmu nadmiar produktów odpadowych przemiany materii. Trądzik można złagodzić, zmieniając dietę i oczyszczając krwiobieg.

Sok na trądzik

- ✔ 1 średnia marchew
- ✔ 1 łodyga selera naciowego
- ✔ 1 średni burak z liśćmi
- ✔ $^1/_2$ szklanki rzeżuchy
- ✔ 2 liście mniszka lekarskiego
- ✔ 2,5 mm (cienki plasterek) świeżego korzenia imbiru
- ✔ 1 świeży ząbek czosnku (niekoniecznie)
- ✔ 1 plaster świeżego ananasa o grubości około 3 cm

Umyj wszystkie składniki, oczyść i pokrój na kawałki, które zmieszczą się do sokowirówki. W miarę możliwości nie obieraj produktów ze skóry, żeby nie stracić ważnych enzymów.

Inne wersje:

Jeśli nie możesz dostać liści mniszka lekarskiego, użyj zamiast nich natki pietruszki albo szpinaku.

Działanie poszczególnych składników soku:

- Marchew zawiera dużo beta-karotenu, który pielęgnuje skórę.
- Buraki, seler i mniszek lekarski działają oczyszczająco.

- Mniszek lekarski poprawia funkcjonowanie wątroby, co jest bardzo ważne przy wszystkich chorobach skóry. Zawarty w nim cynk czuwa nad równowagą hormonalną i leczy skórę.

Przydatne wskazówki:
- Selen, cynk i witamina E zmniejszają trądzik i bliznowacenie.
- Wyciąg z liści oliwki jest naturalnym antybiotykiem, który łagodzi infekcje skóry.
- Zwłaszcza kobiety powinny troszczyć się o równowagę hormonalną. Istnieją terapie hormonalne, które mogą osłabić wpływ zbyt dużych ilości męskich hormonów (androgenów) na skórę. Dotyczy to niektórych doustnych leków antykoncepcyjnych i hormonów antyandrogennych, takich jak Androcur. Wspomniane terapie hormonalne mogą całkowicie wyleczyć trądzik, jeśli są właściwie prowadzone.

Typy sylwetki

Patrz również cellulitis na stronie 56 i nadwaga na stronie 83

Ogólnie wyróżnia się cztery różne typy sylwetki: limfatyczną, ginoidalną, androidalną i tarczycową. Do każdego typu sylwetki dopasowana jest charakterystyka hormonalna i metaboliczna, która tłumaczy, dlaczego niektórzy ludzie łatwo przybierają na wadze, a inni nie. Każda charakterystyka wyjaśnia również, w których częściach ciała gromadzi się nadmiar tłuszczu. Książka zatytułowana „Dieta kształtująca sylwetkę" (wydana przez wydawnictwo Mada) zawiera plan żywieniowy odpowiedni dla każdego typu sylwetki. Taki plan pomaga schudnąć, jeśli tego właśnie potrzebujemy, i przywraca równowagę hormonalną oraz reguluje przemianę materii.

Istnieją dwa najważniejsze organy, które kontrolują tempo przemiany materii. To wątroba i tarczyca. Jeśli są zdrowe, odchudzanie przebiega o wiele sprawniej. Dla każdego z czterech typów sylwetki opracowałam sok, który pomoże wyregulować tempo przemiany materii.

Typ androidalny

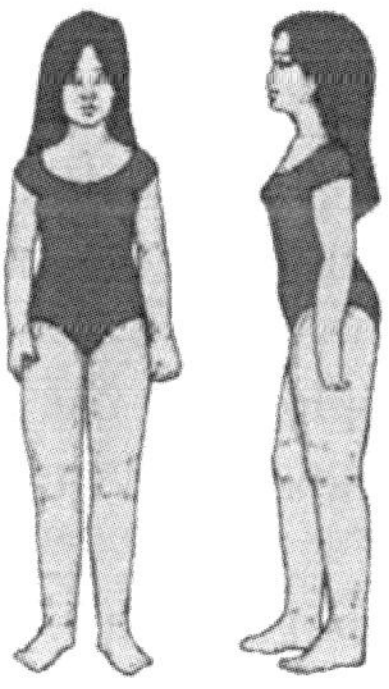

Idealna sylwetka

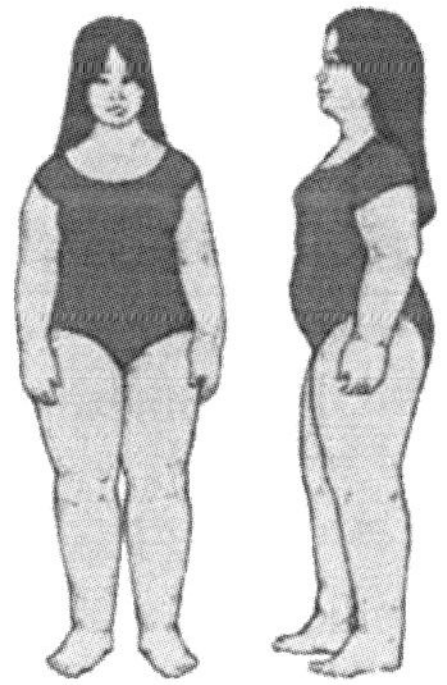

Nadwaga

Kobiety o sylwetce androidalnej mają szerokie ramiona i wąskie biodra. Nie mają wąskiej talii ani takich zaokrąglonych kształtów, jak kobiety o sylwetce ginoidalnej. Mają szeroką klatkę piersiową i silne muskularne ręce oraz nogi. Są silne i często wyrastają z nich dobre sportsmenki. Tłuszcz odkłada się u nich w górnych partiach ciała na tułowiu i brzuchu, przez co nabierają kształtu jabłka. Kobiety o takiej sylwetce mają tendencję do wytwarzania zbyt dużych ilości męskich hormonów (androgenów), co może pogorszyć ich problemy z wagą.

Łakną głównie produktów spożywczych bogatych w cholesterol i sól oraz węglowodanów. Kobiety o sylwetce jabłka z nadwagą brzuszną są podatne na zaburzenia równowagi chemicznej towarzyszące syndromowi X. To oznacza, że mają problemy z metabolizmem insuliny, a w ich ciele odkłada się tłuszcz (zwłaszcza na brzuchu). Jeśli chcesz uzyskać więcej informacji na temat syndromu X, przeczytaj książkę pod tytułem „Can't Lose Weight? You could have Syndrome X – the chemical imbalance that makes you store fat".

Sok dla sylwetki androidalnej

- ✔ 1 czerwone jabłko
- ✔ 1 liść mniszka lekarskiego albo 1 różyczka brokuła
- ✔ 1 pomidor dojrzały w słońcu
- ✔ $^{1}/_{2}$ grejpfruta
- ✔ 2 plastry czerwonej cebuli
- ✔ 2 brukselki
- ✔ 2 liście rzepy

Działanie poszczególnych składników soku:

- Surowe jabłka oraz cebula oczyszczają wątrobę i obniżają poziom cholesterolu.
- Pomidory zawierają kwas nikotynowy, który obniża poziom cholesterolu i wspomaga odchudzanie.
- Liście rzepy, mniszek lekarski oraz brukselka zawierają siarkę, która oczyszcza wątrobę i poprawia przepływ żółci.

Substancje odżywcze dobroczynne dla typu androidalnego:
Zioła: ostropest plamisty, czerwony goździk, chmiel, dzięgiel chiński (*dong quai*); białko o nazwie chitosan, a także cholina i inozytol.

Typ ginoidalny

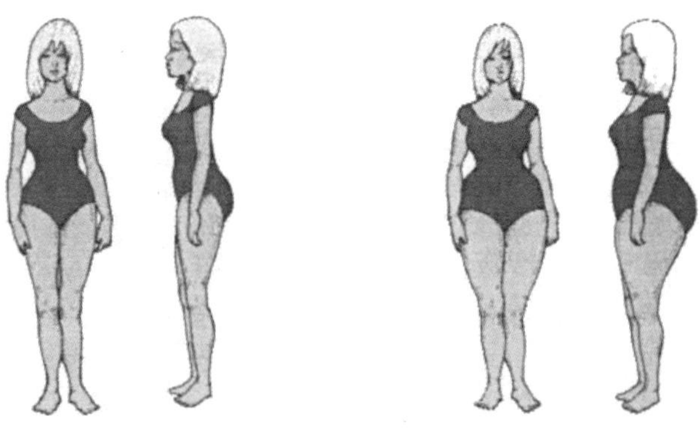

Idealna sylwetka **Nadwaga**

Kobiety o ginoidalnej sylwetce tyją na biodrach i udach, przybierając kształt gruszki. Mają kształtne kobiece figury, a ich równowaga hormonalna przechyla się głównie w kierunku estrogenów. Nazywamy ten stan dominacją estrogenową. Wówczas tłuszcz odkłada się na biodrach, udach i pośladkach, co często wiąże się z pojawianiem się cellulitisu.

Kobiety o takiej sylwetce często odczuwają łaknienie tłuszczów i rafinowanego cukru, które zwiększają wrażliwość organizmu na estrogen. Dlatego bez wątpienia zyskają na zmniejszeniu spożycia niezdrowych tłuszczów i cukru. Powinny jednocześnie zwiększyć spożycie bogatych w błonnik owoców i warzyw, ponieważ błonnik zawarty w pożywieniu zmniejsza dominację estrogenową.

Sok dla typu ginoidalnego

- ✔ $^1/_2$ szklanki kiełków lucerny
- ✔ 1-2 liście mniszka lekarskiego
- ✔ 1 różyczka brokuła
- ✔ 1 liść szpinaku
- ✔ 1 mała marchew
- ✔ $^1/_4$ melona cantaloupe
- ✔ 1 mały plaster korzenia rzepy

Działanie poszczególnych składników soku:

- Kiełki lucerny i szpinak wspomagają funkcjonowanie tarczycy i sprzyjają odchudzaniu.
- Mniszek lekarski oczyszcza wątrobę, pomaga kontrolować wagę i zawiera cynk dbający o równowagę hormonalną.
- Brokuły zawierają siarkę organiczną, która pomaga wątrobie metabolizować nadmiar estrogenu.
- Marchew ma właściwości podobne do insuliny, która wyrównuje poziom cukru.
- Korzeń rzepy zawiera substancje przyśpieszające przemianę materii i sprzyjające odchudzaniu.
- Melon cantaloupe pobudza przemianę materii.

Substancje odżywcze dobroczynne dla typu ginoidalnego:

Zioła: dziki pochrzyn, skrytek polny, niepokalanek i gurmar oraz minerał pikolinian chromu.

Typ limfatyczny

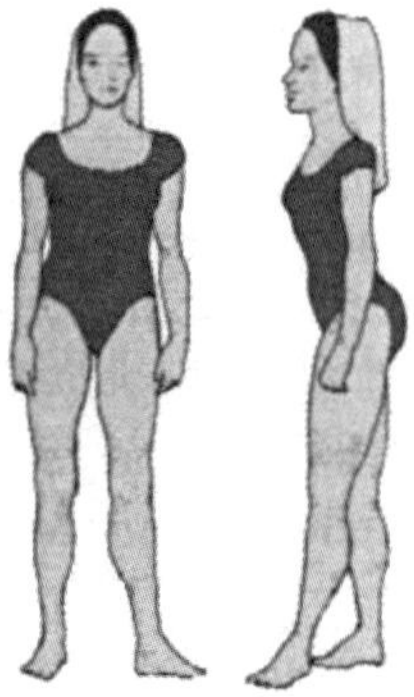

Idealna sylwetka

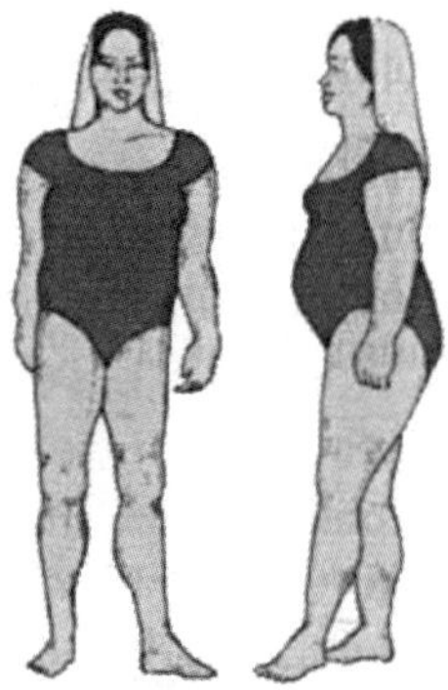

Nadwaga

Kobiety o limfatycznej sylwetce często tyją równo na całym ciele. Ich system limfatyczny nie funkcjonuje tak, jak powinien, co prowadzi do zatrzymywania płynów w organizmie, dlatego wyglądają grubiej niż w rzeczywistości. Typ limfatyczny ma bardzo spowolnioną albo wolną przemianę materii, przez co bardzo łatwo przybiera na wadze. Jeśli osoby o takiej sylwetce stronią od ćwiczeń i często jedzą produkty mleczne, takie jak mleko, ser, śmietana czy lody, mogą nadmiernie obciążyć system limfatyczny i spowolnić przemianę materii. A tymczasem kobiety o takiej sylwetce muszą unikać nabiału i codziennie pić dużo wody. Co więcej, powinny regularnie ćwiczyć.

Sok dla typu limfatycznego

✔ 1 cm świeżego korzenia imbiru
✔ 2 łodygi selera naciowego
✔ $^{1}/_{2}$ grejpfruta
✔ $^{1}/_{2}$ ogórka
✔ $^{1}/_{2}$ czerwonej rzodkiewki
✔ plaster świeżego ananasa o grubości 5 cm

Ten sok zapobiega zatrzymywaniu płynów w organizmie, poprawia system limfatyczny i przyśpiesza przemianę materii.

Działanie poszczególnych składników soku:

- Imbir i inne pikantne produkty spożywcze, takie jak chili, curry, kolendra, kurkuma czy musztarda, przyśpieszają przemianę materii.
- Seler, ananas oraz ogórek działają moczopędnie i zapobiegają zatrzymywaniu płynów w organizmie.
- Grejpfrut wspomaga walkę z nadwagą.
- Rzodkiewka zawiera jod i stymuluje tarczycę, przyśpieszając przemianę materii.

Substancje odżywcze dobroczynne dla typu limfatycznego:
Kozieradka, rutyna, selen, seler, chrzan, koper włoski, kelp, pieprz kajeński i witamina B_6.

Typ tarczycowy

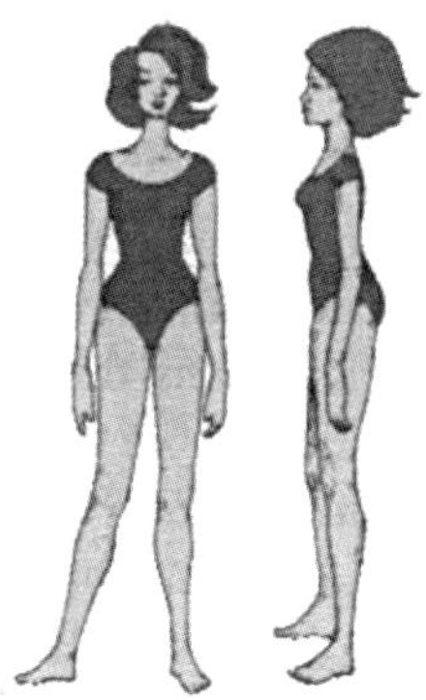

Idealna sylwetka

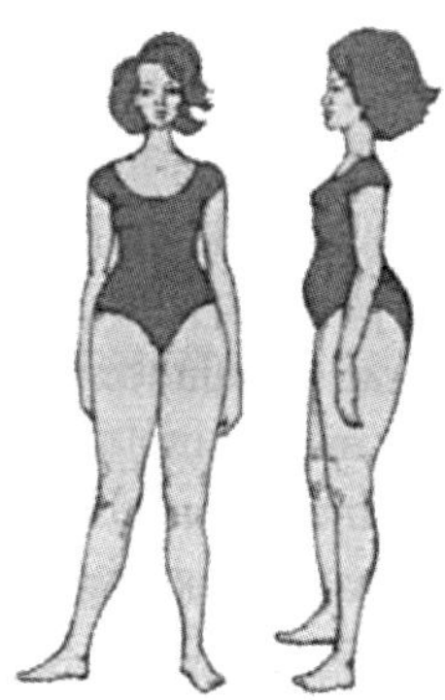

Nadwaga

Smukłe kościste baletnice i modelki często mają sylwetkę tarczycową. Mają bardzo szybką przemianę materii i dlatego rzadko tyją. Często biorą środki pobudzające, takie jak nikotyna, kofeina, cukier i sztuczne słodziki. To może doprowadzić do wyczerpania albo „wypalenia" nadnercza.

Łaknienie słodkich produktów spożywczych, takich jak pączki z kawą i papierosami na śniadanie to częsty wybór kobiet o sylwetce tarczycowej. Zmiany w nawykach żywieniowych powinny obejmować zjadanie regularnych posiłków zawierających złożone węglowodany, takie jak pełnoziarniste pieczywo i warzywa strączkowe, a także białko zawarte w kurczakach hodowanych bez hormonów, chudym czerwonym mięsie, jajkach i owocach morza. Regularne ćwiczenia są potrzebne do wzmocnienia kości.

Sok dla typu tarczycowego

✔ 1 burak
✔ 1 liść szpinaku
✔ 1 marchew
✔ 4 zielone fasolki szparagowe
✔ 1 mała kiść winogron

Działanie poszczególnych składników soku:

- Szpinak wspomaga krążenie, pomagając obniżyć ciśnienie krwi, często podwyższone u osób o sylwetce tarczycowej. Dodaje energii.
- Marchew zawiera dużo wapnia, poprawia witalność i wigor.
- Fasolka szparagowa zawiera wapń, który wzmacnia kości i zmniejsza łaknienie słodyczy.
- Winogrona stanowią doskonałe źródło energii.

Substancje odżywcze dobroczynne dla typu tarczycowego:
Lukrecja, żeń-szeń, glutamina, witamina B_5, cynk, magnez i pikolinian chromu.

Uderzenia gorąca

Patrz menopauza na stronie 78

Wrzody żołądka i przewodu pokarmowego

Wrzody żołądka i dwunastnicy znane są jako wrzody trawienne. Dawniej uważano, że wszystkie wrzody trawienne powstają w wyniku nadmiernej produkcji kwasu w nabłonku żołądka (śluzówce). Dzisiaj wiemy, że główną przyczyną wrzodów trawiennych jest bakteria *Helicobacter pylori*, która żyje w śluzówce żołądka.

Inne czynniki przyczyniające się do powstawania wrzodów trawiennych:

- nadużywanie środków przeciwbólowych i leków przeciwzapalnych,
- palenie papierosów i nadużywanie alkoholu,
- dieta oparta głównie na produktach spożywczych bogatych w cukier, który stanowi pożywkę dla bakterii *Helicobacter pylori*,
- niedobory substancji odżywczych,
- emocje – wrzody mogą być odpowiedzią na długo utrzymujące się emocje, takie jak niezadowolenie, złość i frustracja.

Sok na wrzody trawienne

✔ 2-3 duże liście kapusty
✔ 1 szklanka kiełków lucerny
✔ 1 marchew
✔ 2 łodygi selera naciowego
✔ 1 czerwone jabłko ze skórką
✔ $^1/_2$ szklanki soku z aloesu (można go kupić w sklepach ze zdrową żywnością) albo z innych świeżych liści

Umyj, oczyść i posiekaj wszystkie składniki. Włóż je do sokowirówki i przygotuj sok. Można go później przelać do pojemnika robota kuchennego, dodać sok z aloesu i zmiksować. Możesz rozcieńczyć sok wodą w stosunku 1:2 albo dodać trochę więcej marchwi i jabłka. Wypijaj co najmniej $^1/_2$-1 litr soku w trzech albo czterech porcjach.

Działanie poszczególnych składników soku:

- Kapusta oczyszcza jelita oraz żołądek i rozkłada zalegające w nich odpadowe produkty przemiany materii. Doskonale zwalcza infekcje i/lub owrzodzenie żołądka, a nawet całego przewodu pokarmowego.

- Jabłka zawierają pektynę, która przywraca równowagę flory bakteryjnej jelit i działa na nie łagodząco.
- Aloes zawiera długołańcuchowe cukry. Jeden z nich nazywa się acemannan i działa przeciwzapalnie, a także neutralizuje toksyny uszkadzające śluzówkę. Ma również właściwości bakteriobójcze i przeciwgrzybicze. Ponadto pomaga chronić nabłonek żołądkowo-jelitowy.

Koktajl na wrzody trawienne

✔ 2 szklanki mleczka owsianego
✔ 1 dojrzały banan
✔ 1 łyżka sproszkowanej serwatki białkowej
✔ 1 łyżka sproszkowanej kory czerwonego wiązu
✔ 1 łyżka oleju lnianego tłoczonego na zimno

Włóż wszystkie składniki do pojemnika robota kuchennego i zmiksuj na gładką masę. Podawaj koktajl razem z 3 truskawkami albo $^{1}/_{3}$ szklanki świeżych owoców leśnych.

Wrzodziejące zapalenie okrężnicy

Patrz nieswoiste zapalenia jelit na stronie 88

Wyczerpanie nerwowe

Patrz depresja na stronie 64

Wypadanie włosów

Wypadanie włosów jest częstym problemem i niejednokrotnie wywołuje cierpienia psychiczne. Łysienie może pojawić się:

- na małych partiach czaszki,
- na czole u mężczyzn (zakola),
- na całej czaszce, a czasem na całym ciele.

Przyczyny wypadania włosów:

- stres,
- zaburzenia immunologiczne i choroby autoimmunologiczne, takie jak toczeń czy alopecja,
- uraz czaszki,
- efekty uboczne chemioterapii albo innych leków,
- zaburzenia hormonalne: zaburzenie funkcjonowania tarczycy, ciąża i okres poporodowy, menopauza, nadmiar męskich hormonów (wszystkie zaburzenia hormonalne można wykryć na podstawie badań krwi),
- czynniki dziedziczne, zwłaszcza u mężczyzn,
- starzenie,
- przedawkowanie witaminy A,
- infekcje grzybicze czaszki.

Sok na wzmocnienie włosów

✔ 1 szklanka kiełków lucerny
✔ 2 liście sałaty albo 2 brukselki
✔ 1 szklanka różyczek brokułów
✔ 1 średnia marchew
✔ 2 plastry czerwonej cebuli
✔ 1 średni burak z liśćmi
✔ $^1/_2$-1 ząbek czosnku (niekoniecznie)
✔ 2 plastry arbuza (dla osłody)

Umyj, oczyść i posiekaj wszystkie składniki. Włóż je do sokowirówki i przygotuj sok.

Działanie poszczególnych składników soku:

- Kapusta, brokuły, brukselka, cebula i czosnek zawierają dużo siarki organicznej, która pobudza porost zdrowych włosów.
- Kiełki lucerny stanowią źródło fitoestrogenów, które pomagają zneutralizować wpływ nadmiaru męskich hormonów na mieszki włosowe.
- Żywność bogata w krzem, taka jak lucerna czy cebula, pomaga na porost mocnych i zdrowych włosów.

- Marchew, brokuły i buraki zawierają beta-karoten, tak ważny przy łagodzeniu stanów zapalnych czaszki.
- Czosnek zawiera selen, który łagodzi stany zapalne czaszki.

Ten sok poprawia również krążenie krwi bogatej w tlen do czaszki.

Przydatne wskazówki:

- Selen oraz cynk zapobiegają powstawaniu łupieżu i łagodzą infekcje grzybicze czaszki.
- Sproszkowany MSM z witaminą C dostarcza organizmowi siarkę organiczną i poprawia krążenie w czaszce.
- Warto zwiększyć spożycie nienasyconych kwasów tłuszczowych zawartych w oleju lnianym, oleju z łososia i oleju z wiesiołka.
- Witamina E zapobiega bliznowaceniu mieszków włosowych i poprawia krążenie.
- Terapia hormonalna wykorzystująca naturalny progesteron może pomóc zagęścić włosy. Jest dostępna w postaci kremów i pastylek.
- Hormony antyandrogenowe, takie jak Androcur (octan cyproteronu), są dostępne w postaci tabletek. Androcur można podawać kobietom z nadmiarem męskich hormonów, który może towarzyszyć zespołowi policystycznych jajników albo menopauzie.

Wysokie ciśnienie krwi

Zbyt wysokie ciśnienie krwi nazywamy potocznie nadciśnieniem. Problem ten dotyczy bardzo wielu ludzi i jest związany z podwyższonym ryzykiem ataku serca oraz udaru. Trzeba poważnie podchodzić do kwestii ciśnienia krwi i badać je regularnie. Nadciśnienie pojawia się najczęściej wśród ludzi w średnim wieku i z nadwagą.

Przyczyny wysokiego ciśnienia krwi:

W większości przypadków wysokie ciśnienie krwi pojawia się w wyniku stwardnienia i/lub zatoru tętnic. Chore naczynia krwionośne zwężają się i tracą elastyczność, przez co serce musi mocniej pracować, żeby przepompować przez nie krew. Stwardniałe naczynia krwionośne są mniej elastyczne i nie rozszerzają się wystarczająco, dlatego wzrasta wewnątrz nich ciśnienie. Również choroby nerek mogą być przyczyną wysokiego ciśnienia krwi. To dotyczy także stresu i niepokoju, które zaburzają równowagę wegetatywnego układu nerwowego, uwalniając adrenalinę.

Objawy wysokiego ciśnienia krwi:

Często nie występują żadne objawy, a wysokie ciśnienie krwi wykrywa się podczas rutynowych badań kontrolnych. Tym niemniej mogą pojawić się:

- bóle głowy,
- problemy z pamięcią, niezdolność do koncentracji, spowolnienie czynności umysłowych itp.,
- zmęczenie,
- bezsenność,
- pogarszający się wzrok,
- krótki oddech.

Sok na nadciśnienie

✔ 2 łodygi selera naciowego
✔ $^1/_2$ ogórka
✔ $^1/_2$ szklanki posiekanej pietruszki
✔ $^1/_2$ szklanki posiekanego kopru włoskiego
✔ 1 dymka albo ząbek czosnku
✔ 1 jabłko
✔ 1 pomarańcza albo $^1/_2$ grejpfruta

Umyj, oczyść i posiekaj wszystkie składniki, po czym włóż je do sokowirówki. Wypijaj 2 szklanki soku dziennie. Wspomaga funkcjonowanie nerek i przeciwdziała stwardnieniu oraz zatorowi tętnic.

Koktajl na nadciśnienie

✔ 1 banan
✔ 1 plaster ananasa o grubości 2 cm, bez skóry
✔ 1 szklanka mleczka owsianego, ryżowego, migdałowego albo kokosowego
✔ 1 łyżka zmielonego siemienia lnianego

Włóż wszystkie składniki do pojemnika robota kuchennego i zmiksuj na gładką masę.

Dobre suplementy:
- magnez w tabletkach (zalecana dawka to 2 tabletki dziennie),
- witamina C i bioflawonoidy,
- olej lniany tłoczony na zimno,
- zioła: miłorząb japoński i czarne jagody.

Wzdęcia

Ta kłopotliwa dolegliwość pojawia się w wyniku nagromadzenia się gazów w jelitach i może prowadzić do bekania i/lub uwalniania gazów przez odbyt. Często towarzyszą jej zatrzymywanie płynów w brzuchu, bóle i nieregularne wypróżnienia.

Przyczyny wzdęć:

- Nieprzyjazne mikroorganizmy, takie jak bakterie, pasożyty i grzyby rosnące w żołądku oraz jelitach. Mówimy wówczas o dysbiozie. Nieprzyjazne mikroorganizmy fermentują resztki jedzenia zalegające w jelitach, produkując gazy jelitowe.
- Zapalenie jelita grubego powstałe w wyniku wrzodziejącego zapalenia okrężnicy albo choroby Leśniowskiego i Crohna.
- Zapalenie uchyłków.
- Wypadające jelito grube.
- Zbyt częste przyjmowanie antybiotyków i kortyzonu.
- Nadmierne spożycie przetworzonej żywności i konserwowanego mięsa przy jednoczesnym niskim spożyciu surowych produktów spożywczych.

Sok na gazy

- ✔ 100 mg posiekanej kapusty albo brukselki
- ✔ 1 czerwona rzodkiewka
- ✔ 1 ząbek czosnku (doskonały na infekcje żołądkowe) (niekoniecznie)
- ✔ 1 szklanka posiekanego kopru włoskiego
- ✔ $^1/_3$ szklanki posiekanych liści kolendry
- ✔ 1 jabłko
- ✔ 1 gruszka

Być może trzeba będzie dodać więcej kapusty, w zależności od tego, jak bardzo jest soczysta. Umyj, oczyść i posiekaj wszystkie składniki. Włóż je do sokowirówki i przygotuj sok. Wypijaj 3 małe szklanki soku dziennie, 30 minut przed posiłkiem. Jeśli okaże się, że kapusta początkowo nasili wzdęcia, być może trzeba będzie rozcieńczyć sok wodą w stosunku 1:1.

Dobre suplementy:

- przyjazne bakterie, takie jak *Lactobacillus acidophilus*,
- jogurt naturalny z kulturami bakterii *Lactobacillus acidophilus*,
- herbata miętowa,
- enzymy trawienne, takie jak pankreatyna (powinny zawierać wyciąg z trzustki),
- dobry środek tonizujący wątrobę i pobudzający przepływ żółci,
- proszek na ukojenie okrężnicy zawierający: glutaminę, *Lactobacillus acidophilus*, fruktooligosacharydy, pektynę, siarczan glukozaminy, korę wiązu czerwonego i koper włoski.

Zaburzenia funkcjonowania tarczycy i/lub wole

Zaburzenia funkcjonowania tarczycy pojawiają się bardzo często, w szczególności wśród kobiet w okresie menopauzalnym. Najczęstszy problem stanowi niedoczynność gruczołu. Nie jest wówczas w stanie produkować wystarczających ilości hormonu. A musisz wiedzieć, że hormon tarczycy kontroluje przemianę materii, przyśpieszając tempo pracy komórek zamieniających energię zawartą w pożywieniu na energię fizyczną. Z kolei wole to powiększona tarczyca. Przeważnie powstaje w wyniku utworzenia się w gruczole licznych cyst.

Objawy niedoczynności tarczycy:

- przybieranie na wadze,
- niska temperatura ciała,
- zaparcia,
- wypadanie włosów,
- sucha, łuszcząca się skóra,
- zatrzymywanie płynów w organizmie,

- spowolniony refleks,
- zmęczenie,
- szybkie starzenie się,
- spowolnienie procesów myślowych i poznawczych.

Przyczyny choroby tarczycy:

- endemiczne niedobory minerałów, takich jak jod czy selen,
- choroba autoimmunologiczna znana pod nazwą przewlekłe limfocytowe zapalenie tarczycy (choroba Hashimoto),
- infekcja wirusowa tarczycy,
- czynniki dziedziczne (często w jednej rodzinie kilka osób choruje na tarczycę),
- rak tarczycy.

Sok na tarczycę

✔ 1 cm świeżego korzenia imbiru
✔ 1 czerwona rzodkiewka z liśćmi
✔ 2 marchwie
✔ 1 średni burak z liśćmi
✔ 2-3 liście sałaty
✔ 1 łyżeczka sproszkowanego kelpu

Umyj, oczyść i posiekaj wszystkie warzywa oraz liście. Włóż je do sokowirówki i przygotuj sok. Dodaj sproszkowany kelp i wymieszaj. Wypijaj $^1/_2$ litra soku dziennie. Jeśli jest dla ciebie zbyt intensywny, możesz rozcieńczyć go wodą w stosunku 1:1.

Inne wersje:

Możesz dodać plaster świeżego ananasa o grubości 4 cm albo 2 liście szpinaku i średni pomidor, żeby uzyskać bardziej intensywny smak.

Działanie poszczególnych składników soku:

- Rzodkiewka i marchew stanowią doskonałe źródło jodu, który pobudza tarczycę do działania. Jod jest niezbędny do produkcji hormonu tarczycy.
- Buraki zawierają witaminę B_6 i minerały potrzebne trzustce do produkcji hormonu.

Przydatne wskazówki:

- Kelp i inne wodorosty, takie jak arame, wakame czy nori, stanowią doskonałe źródło jodu oraz innych pierwiastków śladowych, które wspomagają funkcjonowanie tarczycy.
- Sól morska zawiera dużo minerałów.
- Organizm potrzebuje selenu do zamieniania hormonu tarczycy na jego aktywną postać.
- Także nienasycone kwasy tłuszczowe zawarte na przykład w oleju lnianym tłoczonym na zimno również pomagają na problemy z tarczycą.

Zaburzenia hormonalne

Patrz menopauza na stronie 78, zespół objawów przedmiesiączkowych na stronie 147 i endometrioza na stronie 67

Zaburzenia immunologiczne

Układ odpornościowy tworzą tkanki i komórki chroniące organizm przed atakami intruzów. Są to między innymi:

- białe krwinki,
- wątroba i śledziona,
- system limfatyczny,
- szpik kostny,
- błony śluzowe jelit i dróg oddechowych.

Przyczyny zaburzeń immunologicznych:

- infekcje wirusowe, takie jak AIDS czy mononukleoza,
- efekty uboczne leków, takich jak kortyzon, antybiotyki, leki immunosupresyjne czy leki podawane w ramach chemioterapii,
- zaburzenia funkcjonowania wątroby,
- czynniki dziedziczne,
- złe nawyki żywieniowe: niskie spożycie białka i/lub surowych owoców i warzyw,
- niedobory selenu, cynku i witaminy C.

Koktajl wzmacniający układ odpornościowy

✔ 3 morele (świeże w sezonie albo suszone poza sezonem)
✔ 1 mały dojrzały banan
✔ 8 migdałów (zmielonych na proszek)
✔ 1 łyżka zmielonego siemienia lnianego
✔ 6 rodzynek
✔ $^1/_2$ szklanki mleczka kokosowego
✔ $^1/_2$ szklanki mleczka sojowego

Włóż wszystkie składniki do pojemnika robota kuchennego i zmiksuj na gładką masę.

Sok wzmacniający układ odpornościowy

✔ 1 łodyga selera naciowego
✔ 1 dojrzały pomidor (najlepiej organiczny albo dojrzały w słońcu)
✔ 1 gruszka
✔ $^1/_2$ buraka
✔ 1 marchew
✔ 2 liście mniszka lekarskiego albo kapusty
✔ 5 mm świeżego korzenia imbiru
✔ 1 ząbek czosnku (niekoniecznie)
✔ $^1/_2$ czerwonej cebuli
✔ $^1/_2$ jabłka budyniowego (niekoniecznie)

Jeśli nie możesz dostać jabłka budyniowego, zamień je na jeden świeży plaster ananasa. Tym niemniej pamiętaj, że jabłko budyniowe zawiera mnóstwo substancji odżywczych.

Działanie poszczególnych składników soku:

- Pomidory zawierają likopen, który walczy z rakiem.
- Gruszki nadają się doskonale dla alergików.
- Buraki poprawiają jakość krwi i stanowią dobre źródło substancji odżywczych wzmacniających układ odpornościowy.
- Mniszek lekarski i kapusta zawierają siarkę organiczną i wspomagają funkcjonowanie wątroby.

- Imbir, cebula i czosnek to naturalne antybiotyki.
- Marchew zawiera dużo beta-karotenu, który wzmacnia błony śluzowe i zmniejsza ryzyko pojawienia się raka.

Dobre produkty spożywcze i suplementy:

- selen i cynk,
- witaminy C i E,
- nienasycone kwasy tłuszczowe zawarte w oleju lnianym, oleju z wiesiołka i tłustych rybach,
- surowe orzechy i ziarna,
- sproszkowana serwatka białkowa,
- wyciąg z liści oliwki będący naturalnym antybiotykiem,
- *Echinacea* wzmacniająca układ odpornościowy (alergicy i osoby z chorobami autoimmunologicznymi powinni jej unikać),
- inne zioła, takie jak traganek, *Andrographis paniculata* albo gorzknik kanadyjski.

Zakrzepica żył głębokich

Patrz żylaki na stronie 151

Zakrzepy krwi

Patrz żylaki na stronie 151

Zapalenie oskrzeli

Zapalenie oskrzeli oznacza, że w oskrzelach prowadzących do płuc powstaje stan zapalny.

Przyczyny:

- infekcje wirusowe i bakteryjne,
- wpływ zanieczyszczenia powietrza i dymu papierosowego,
- alergie, takie jak astma,
- problemy mechaniczne, takie jak rozstrzenie oskrzeli.

Sok na zapalenie oskrzeli

- ✔ 2 plastry świeżego ananasa
- ✔ 1 pomarańcza
- ✔ $^1/_2$ cytryny albo $^1/_2$ grejpfruta
- ✔ 1 ząbek czosnku (niekoniecznie, ale jest bardzo skuteczny)
- ✔ 2 plastry czerwonej cebuli
- ✔ 5 mm świeżego korzenia imbiru
- ✔ plaster chrzanu o grubości 2 cm
- ✔ $^1/_4$ szklanki gorącej wody
- ✔ 1 łyżeczka miodu

Zanurz cebulę w gorącej wodzie na 10 minut. Odcedź wodę do szklanki. Dodaj miód. Wyrzuć cebulę. Obierz plastry ananasa ze skóry, ale zostaw możliwie jak najwięcej zielonej części. Umyj pozostałe składniki, oczyść, posiekaj i włóż do sokowirówki. Dodaj sok do wody, w której moczyła się cebula. Pomieszaj.

Wypijaj jedną szklankę soku 2-3 razy dziennie. Możesz rozcieńczyć sok wodą w stosunku 1:1, a potem stopniowo zmniejszać ilość wody, w miarę jak twój żołądek zacznie przyzwyczajać się do skoncentrowanej dawki witamin i minerałów.

Działanie poszczególnych składników soku:

- Cebula i czosnek zawierają substancje, które pomagają uwalniać i odsączać śluz.
- Miód łagodzi błony śluzowe.
- Pomarańcze i cytryny zawierają dużo witaminy C, która jest naturalnym antybiotykiem.
- Ananas i chrzan rozpuszczają niezdrowe wydzieliny.

Dobre produkty spożywcze i suplementy:

- sproszkowane MSM z witaminą C, które wspomaga układ odpornościowy,
- wyciąg z liści oliwki w kapsułkach albo płynie, który zwalcza infekcje dróg oddechowych.

Unikaj pożywienia zwiększającego wydzielanie śluzu, takiego jak nabiał, margaryna czy przetworzona żywność.

Zapalenie pęcherza moczowego i problemy z nerkami

Zapalenie pęcherza moczowego może pojawić się nagle, mieć ostry przebieg albo być przewlekłe. Zapalenie i infekcja mogą przemieszczać się z pęcherza moczowego i zaatakować nerki, prowadząc do odmiedniczkowego zapalenia nerek.

Bardzo ważne jest, żeby szybko zająć się infekcją pęcherza, ponieważ im dłużej pozostaje nieleczona, tym większe istnieje prawdopodobieństwo, że infekcja zaatakuje górne drogi moczowe i nerki, co może doprowadzić do trwałego uszkodzenia nerek.

Przyczyny infekcji dróg moczowych:

- Infekcje bakteryjne, które często wywołują bakterie gnieżdżące się w jelitach albo pochwie. Można pogorszyć ten stan niedbałością o higienę osobistą i problemami mechanicznymi, takimi jak choroba refluksowa dróg moczowych z pęcherza moczowego, albo wypadanie pochwy lub jelita grubego.
- Współżycie seksualne może pogorszyć albo wywołać infekcje pęcherza moczowego.
- Niewystarczająca hydratacja może wywołać zatrzymywanie uryny. O wiele łatwiej zakazić urynę zatrzymywaną w organizmie.
- Złe odżywianie, niskie spożycie surowych produktów spożywczych i przeciwutleniaczy.
- Niedobory hormonów: estrogenu albo testosteronu, które często pojawiają się u kobiet w okresie menopauzy. Te niedobory prowadzą do atrofii tkanek pochwy i pęcherza moczowego, czynią je bardziej podatnymi na infekcje.
- Zaburzenia czynności układu odpornościowego, które mogą wywoływać choroby autoimmunologiczne, takie jak zapalenie nerek. Zaburzenia czynności układu odpornościowego mogą również doprowadzić do przewlekłego zapalenia całej ściany pęcherza moczowego. Ta bolesna choroba znana jest również pod nazwą przewlekłego śródmiąższowego zapalenia pęcherza.
- Powstawanie kamieni w pęcherzu moczowym, moczowodach i nerkach, które hamują swobodny przepływ moczu, zwiększając w ten sposób ryzyko infekcji.

Sok oczyszczający drogi moczowe

- ✔ $^1/_2$ szklanki świeżej żurawiny
- ✔ 2 łodygi selera naciowego
- ✔ 1 średnie jabłko ze skórką
- ✔ $^1/_2$ grejpfruta
- ✔ $^1/_2$-1 ząbek czosnku albo $^1/_2$ czerwonej cebuli
- ✔ 1 mały ogórek
- ✔ 1 średnia marchew
- ✔ 1 mała czerwona rzodkiewka z liśćmi

Umyj wszystkie składniki, posiekaj i włóż do sokowirówki.

Inne wersje:

Możesz zrezygnować z czosnku albo cebuli, jeśli sok ci nie smakuje. Dodaj $^1/_2$ buraka, 3 duże truskawki albo więcej jabłek, żeby otrzymać słodszy sok. Możesz rozcieńczyć sok wodą albo zimną herbatą ziołową.

Działanie poszczególnych składników soku:

- Żurawina powstrzymuje bakterie przed przyleganiem do nabłonka pęcherza moczowego i moczowodów. Jeśli bakterie nie mogą przywierać do śluzówki, nie mogą wywoływać infekcji.
- Czosnek działa przeciwko mikrobom i bakteriom, takim jak pałeczka *Escherichia coli* czy *Staphylococcus*, które często ponoszą odpowiedzialność za infekcje dróg moczowych.
- Ogórek ma działanie przeciwzapalne.
- Rzodkiewka jest naturalnym antybiotykiem o właściwościach przeciwzapalnych.
- Marchew zawiera dużo beta-karotenu, który jest niezbędny dla zachowania zdrowych błon śluzowych.
- Jabłko wpływa kojąco na błony śluzowe.
- Seler działa moczopędnie, poprawiając przepływ moczu.

Uwaga:

Osoby, które mają infekcje albo choroby dróg moczowych, muszą wypijać do 2-3 litrów wody dziennie. Wyciskane soki są absolutną koniecznością i muszą stać się nawykiem. Choroby nerek są bardzo powszechne, a często upływa wiele lat, zanim zostaną wykryte. A to wielka szkoda, ponieważ do tego momentu może nastąpić ich trwałe uszkodzenie, któremu potem trudno zaradzić. Osoby z problemami pęcherza albo nerek powinny regularnie badać mocz, najlepiej co trzy miesiące, żeby móc wykryć problemy możliwie jak najwcześniej w początkowym stadium.

Przydatne wskazówki:

- Dobroczynne minerały to selen, cynk i magnez.
- Należy codziennie przyjmować sproszkowaną witaminę C, żeby zachować kwasowość moczu. Możesz eksperymentować, żeby znaleźć najlepszą dla siebie dawkę. Prawdopodobnie będzie ona wynosiła 500-2000 mg dziennie. Najlepiej dzielić ją na trzy razy. Dla niektórych kwas askorbinowy jest zbyt silnym środkiem. Wówczas lepiej przyjmować witaminę C w postaci askorbowej albo estrowej.
- Wyciąg z liści oliwki można przyjmować w kapsułkach albo w płynie. Zalecana dawka to 1000-2000 mg dziennie. Jeśli choroba ma ostry przebieg, koniecznie trzeba zwiększyć dawkę do 3000 mg.
- Te suplementy i wyciskane soki działają niczym naturalne antybiotyki, co jest bardzo ważne, ponieważ bakterie wywołujące infekcje często uodparniają się na antybiotyki zawarte w lekach, które przyjmujemy przez dłuższy czas.
- Zastępcza terapia hormonalna wykorzystująca naturalny estrogen, progesteron i testosteron może umożliwić skuteczną kontrolę nad infekcjami dróg moczowych u kobiet w okresie okołomenopauzalnym. Kremy zawierające połączenie tych hormonów mogą być stosowane dopochwowo i na okolice sromu na noc. Najlepiej stosować je na noc po stosunku płciowym i po opróżnieniu pęcherza moczowego tuż przed pójściem spać.

Zapalenie stawów

Życie z zapaleniem stawów oznacza pasmo bólu i niemożność poruszania się, co znacznie ogranicza możliwości korzystania z życia.

Do przyczyn zapalenia stawów zaliczamy:

- niewłaściwą dietę obejmującą zbyt wiele przetworzonych produktów spożywczych, alkoholu i mięsa, w której brakuje miejsca na warzywa i owoce,
- odwodnienie powstałe w wyniku nadmiernego spożycia herbaty, kawy i słodkich napojów gazowanych oraz niedoboru wody,
- urazy stawów w wyniku kontuzji sportowych albo wypadków,
- nadwagę, która prowadzi do przedwczesnego zużycia stawów,
- brak ruchu i kiepską kondycję,
- choroby autoimmunologiczne, takie jak toczeń czy choroba reumatoidalna.

Selerowy sok przywracający równowagę

✔ 4 łodygi selera naciowego
✔ 1 średnia marchew
✔ 2 średnie jabłka ze skórką, wydrążone
✔ 200 g kiełków lucerny (muszą być świeże)
✔ mała garść winogron
✔ $^{1}/_{2}$-1 ząbek czosnku (niekoniecznie)
✔ 1 gałązka natki pietruszki

Umyj wszystkie składniki, oczyść, posiekaj i włóż do sokowirówki. Jeśli sok powoduje wzdęcia, zrezygnuj z winogron. Ten sok zmniejsza kwasowość i łagodzi stany zapalne stawów. Pomaga na wszystkie rodzaje zapalenia stawów, zwłaszcza na dnawe zapalenie stawów.

Działanie poszczególnych składników soku:

- Substancja zawarta w czosnku o nazwie allicyna pomaga usuwać ze stawów ziarniste produkty odpadowe przemiany materii.
- Natka pietruszki wspomaga funkcjonowanie nerek i zmniejsza kwasowość.
- Winogrona działają niczym zasada i pomagają wyrównać poziom kwasu moczowego.

Sok na bóle

- ✔ 1 cm świeżego korzenia imbiru
- ✔ 1/4 ananasa
- ✔ 1 jabłko ze skórką, wydrążone
- ✔ 1/2 ogórka
- ✔ 1/4 grejpfruta

Usuń twarde kawałki skóry ananasa, zostawiając możliwie jak najwięcej miękkiej części. Umyj, oczyść i posiekaj wszystkie składniki. Włóż je do sokowirówki i przygotuj sok.

Działanie poszczególnych składników soku:

- Grejpfrut zawiera organiczny kwas salicylowy i jest jednym z najcenniejszych owoców rozpuszczających nieorganiczny wapń, który może gromadzić się w chrząstkach stawów. Może być nieodpowiedni dla osób uczulonych na salicylat.
- Ananas bardzo pomaga osobom, które chorują na zapalenie stawów, a zawarty w nim brom pomaga rozpuszczać końcowe produkty przemiany materii, które mogą gromadzić się w stawach.
- Ogórek zmniejsza kwasowość przy chorobach artretycznych/reumatycznych.
- Imbir zawiera składniki, które zapobiegają tworzeniu się prostaglandyn wywołujących stany zapalne i w ten sposób łagodzą bóle stawów.

Dobre suplementy:

Kapsułki zawierające substancje wzmacniające kości i stawy: hydroksyapatyt wapnia, magnez, mangan, cynk, miedź, krzem, skrzyp, selen, witaminę D, glukozaminę.

Zapalenie zatok i katar sienny

Problemy z zatokami dotykają znacznej części społeczeństwa i przeważnie wywołują ból w okolicach czoła, policzków oraz nosa. Zapchany i cieknący nos oznacza problemy z oddychaniem, które dobrze zna każdy z nas. Poza tym mogą pojawić się również napady kichania, wodnisty katar i zaczerwienione łzawiące oczy.

Przyczyny zapalenia zatok i kataru siennego:

- infekcje bakteryjne i wirusowe,
- alergia na pyłki i zanieczyszczenia unoszące się w powietrzu, alergie pokarmowe, przeważnie na produkty mleczne i zbożowe oraz dodatki spożywcze,
- puchnięcie tkanki limfatycznej powyżej przewodów nosowych i za nimi.

Sok oczyszczający zatoki

✔ 1 mała czerwona rzodkiewka
✔ 1 cm świeżego korzenia imbiru
✔ 1 ząbek czosnku albo $^1/_2$ małej czerwonej cebuli, albo 1 cm korzenia chrzanu
✔ $^1/_4$ świeżego ananasa
✔ 1 marchew albo 2 świeże morele (w sezonie)
✔ 1 pomarańcza albo $^1/_2$ grejpfruta razem z białym włóknem

Trzy pierwsze składniki mają intensywny smak, dlatego nie przesadź z ilością, chyba że nie masz delikatnego podniebienia. Umyj, oczyść, obierz i posiekaj wszystkie składniki. Włóż je do sokowirówki i przygotuj sok. Wypijaj $^1/_2$ litra soku dziennie. Możesz rozcieńczyć go wodą albo ciepłą herbatą cytrynową lub imbirową.

Działanie poszczególnych składników soku:

- Rzodkiewka, czosnek, cebula i świeży imbir to naturalne antybiotyki, które pomagają zmniejszać infekcje, a także eliminować śluz z przewodów nosowych.
- Marchew i morele zawierają beta-karoten, który leczy błony śluzowe.
- Ananas ma właściwości przeciwzapalne i zawiera naturalne enzymy, która pomagają rozkładać gęsty śluz.

Przydatne wskazówki:

- Łykaj czosnek i chrzan w tabletkach, a także witaminę C oraz bioflawonoidy.
- Selen i cynk, które zmniejszają częstotliwość infekcji.

- Wyciąg z liści oliwki dostępny w kapsułkach albo w płynie doskonale pomaga w leczeniu infekcji.
- Pomocne mogą okazać się inhalacje parowe. Żeby przygotować taką inhalację, dodaj do gorącej wody dwie krople olejku z drzewa herbacianego.
- Unikaj wszystkich produktów mlecznych i dodatków spożywczych.
- Ostre produkty spożywcze, takie jak pasta wasabi, curry, musztarda czy chili pomagają oczyszczać przewody nosowe.

Zaparcia

Wysokie spożycie gotowej i przetworzonej żywności może przyczynić się do dolegliwości jelitowych. Z czasem na nabłonku jelita grubego może utworzyć się warstwa toksycznych końcowych produktów przemiany materii, która może z kolei wywołać stan zapalny w jelicie grubym. W takiej sytuacji organizm wchłania toksyny z jelita grubego, które przedostają się z powrotem do wątroby przez żyłę wrotną. Wątroba musi dużo pracować, żeby rozbić te toksyny, w wyniku czego może dojść do zaburzenia jej funkcjonowania. W ten sposób zaparcia mogą doprowadzić do bólów głowy, zatrzymywania wody w brzusznych partiach ciała, zmęczenia, alergii i problemów ze skórą.

Wypróżnienia powinny być regularne i nie wymagać wysiłku. Wówczas maleje ryzyko chorób, takich jak zapalenie wyrostka robaczkowego, przepuklina brzuszna, hemoroidy i rak okrężnicy. Jeśli wypróżnienia są tak częste, jak ilość zjadanych posiłków, powiedzmy 2-3 razy dziennie, organizm o wiele łatwiej pozbywa się toksycznych końcowych produktów przemiany materii.

Częste przyczyny zaparć:

- niskie spożycie błonnika i/lub surowych warzyw oraz owoców,
- brak ruchu,
- odwodnienie spowodowane piciem zbyt małych ilości wody,
- zbyt częste stosowanie środków przeczyszczających,
- efekty uboczne leków,
- niedoczynność tarczycy,
- problemy mechaniczne z jelitem grubym, takie jak wypadanie jelita grubego, dodatkowe pętle albo workowate uwypuklenia. Te workowate

uwypuklenia powstają w ścianie okrężnicy. Mówimy wówczas o zapaleniu uchyłków. Chorobę tę można zdiagnozować, wykonując badanie radiologiczne okrężnicy albo kolonoskopię.

Proponowany poniżej sok może zmniejszyć ilość toksyn znajdujących się w jelicie grubym, pobudzając ich eliminację i regularne wypróżnienia.

Sok na zatwardzenia

- ✔ 2 liście szpinaku albo mniszka lekarskiego, albo kapusty
- ✔ 1 zielone jabłko ze skórką
- ✔ 100 g suszonych śliwek bez pestek
- ✔ 100 g fig (świeżych w sezonie albo suszonych poza sezonem)
- ✔ 50 g świeżego rabarbaru
- ✔ 50 g świeżych wiśni, drylowanych (niekoniecznie)

Umyj wszystkie świeże składniki i pokrój na kawałki, które zmieszczą się do sokowirówki. Suche składniki namaczaj w wodzie przez całą noc, po czym włóż do sokowirówki razem z pozostałymi składnikami.

Inne wersje:

Możesz rozcieńczyć sok wodą, która dodatkowo pomoże na zaparcia. W sezonie możesz zamienić suszone owoce pestkowe na świeże albo te same ilości miękkich owoców.

Działanie poszczególnych składników soku:

- Błonnik i pektyna zawarte w jabłkach wspomagają pracę jelit i łagodzą zaparcia.
- Wiśnie zawierają magnez, który pomaga mięśniom jelit kurczyć się.
- Szpinak ma dużo oczyszczającego chlorofilu.
- Śliwki zawierają dużo błonnika, dzięki któremu stolec staje się miękki i łatwiej przechodzi przez jelita.
- Figi zawierają dużo błonnika i działają przeczyszczająco. Osoby, które mają zapalenie uchyłków, być może będą musiały zrezygnować z fig, ponieważ ich pestki mogłyby utknąć w workowatych uwypukleniach.

Dobre suplementy:
- zmielone siemię lniane (zalecana dawka to 1-2 łyżki do śniadania),
- Metamucil albo Normacol.

Zatrzymywanie płynów w organizmie

Przyczyny zatrzymywania płynów w organizmie mogą być następujące:
- zaburzenia hormonalne, takie jak niedoczynność tarczycy,
- przyjmowanie tabletek antykoncepcyjnych albo silna zastępcza terapia hormonalna,
- problemy z nerkami,
- spowolnione funkcjonowanie wątroby,
- choroba wątroby,
- choroby i niewydolność serca,
- problemy z systemem limfatycznym,
- żylaki, które prowadzą do zatrzymywania płynów w nogach.

Zatrzymywanie płynów w organizmie nasila się w konsekwencji złego odżywiania, braku ruchu i spożywania sztucznych słodzików. Sok moczopędny pomaga również na problemy z nadciśnieniem i często pojawiające się przy takich problemach zaburzenia funkcjonowania nerek, które prowadzą do obrzęku.

Sok moczopędny

- ✔ $^1/_4$ szklanki posiekanej pietruszki
- ✔ 2 liście mniszka lekarskiego albo $^1/_2$ szklanki posiekanej rzeżuchy
- ✔ 2 łodygi selera naciowego z liśćmi
- ✔ 5 mm świeżego korzenia imbiru
- ✔ 1 czerwona rzodkiewka z liśćmi
- ✔ 1 ogórek ze skórą
- ✔ 1 pomarańcza
- ✔ 8-10 świeżych liści mięty

Umyj, posiekaj i włóż wszystkie składniki do sokowirówki.

Działanie poszczególnych składników soku:

- Ogórek zawiera potas, który pomaga regulować ciśnienie krwi, bez względu na to, czy jest za wysokie, czy za niskie. Wspomaga funkcjonowanie nerek i ma właściwości moczopędne.
- Rzodkiewka, seler, mniszek lekarski i pietruszka to naturalne środki moczopędne.
- Witamina C i bioflawonoidy zmniejszają opuchliznę kończyn oraz poprawiają funkcjonowanie nerek. Białe włókno cytrusów pełne jest bioflawonoidów.
- Witaminy C i B oraz minerały, potas i magnez odgrywają bardzo ważną rolę w regulowaniu funkcjonowania nerek. Pietruszka, seler, ogórek i rzodkiewka dostarczają duże ilości tych ważnych substancji odżywczych.

Inne wersje:

Jeśli chcesz, żeby sok był słodszy, dodaj trochę świeżego ananasa albo dodatkową pomarańczę. Możesz rozcieńczyć sok wodą albo zimną herbatą ziołową.

Dobre suplementy:

- magnez,
- witamina C,
- bioflawonoidy,
- zioła: myszopłoch kolczasty (*butcher's broom*) i kasztanowiec (*horsechestnut*),
- gryka, która zawiera cenną rutynę wzmacniającą żyły i naczynia limfatyczne.

Zespół nadwrażliwości jelita grubego

Zespół nadwrażliwości jelita grubego to najczęściej występująca choroba żołądkowo-jelitowa, a świeże soki mogą czynić cuda u tych, którzy często padają jego ofiarą.

Objawy zespołu nadwrażliwości jelita grubego:

- zatrzymywanie płynów w brzuchu,
- wzdęcia,
- nieregularne wypróżnienia (pojawiające się na przemian zaparcia i biegunka),
- dolegliwości albo skurcze brzucha.

Przyczyny zespołu nadwrażliwości jelita grubego:

- niepokój albo stres,
- złe nawyki żywieniowe: niskie spożycie błonnika i surowych owoców oraz warzyw, wysokie spożycie przetworzonej i konserwowanej żywności,
- alergie pokarmowe,
- nadużywanie antybiotyków albo leków steroidowych.

Sok na zespół nadwrażliwości jelita grubego

✔ 2 całe duże jabłka
✔ 1/4 średniej kapusty
✔ 2 łodygi selera naciowego
✔ 1 marchew
✔ 1 cm świeżego korzenia imbiru

Umyj, oczyść, posiekaj i włóż wszystkie składniki do sokowirówki. Wypijaj jedną szklankę soku 2-3 razy dziennie.

Działanie poszczególnych składników soku:

- Jabłka zawierają rozpuszczalny błonnik pektynę, która działa łagodząco na ściany jelit, zmniejsza zatwardzenia i poprawia równowagę flory bakteryjnej żołądka.
- Imbir łagodzi objawy nagromadzenia gazów w systemie trawiennym i zmniejsza wzdęcia.

Koktajl na zespół nadwrażliwości jelita grubego

✔ 1 szklanka mleczka owsianego albo ryżowego
✔ 1 dojrzały banan
✔ 1 łyżeczka sproszkowanej kory wiązu czerwonego
✔ 1 łyżeczka zmielonego siemienia lnianego albo 1 łyżka oleju lnianego tłoczonego na zimno

Włóż wszystkie składniki do pojemnika robota kuchennego i zmiksuj na gładką masę.

Dobre suplementy:

- magnez w tabletkach (zalecana dawka to 2-4 tabletki dziennie),
- sproszkowana kora czerwonego wiązu,
- jogurt naturalny z kulturą bakterii *Lactobacillus acidophilus*,
- ocet jabłkowy (rozpuść 1 łyżkę w szklance wody, dodaj 1 łyżeczkę miodu do smaku i wypij małymi łykami do posiłku),
- enzymy trawienne zawierające enzymy trzustkowe.

Zespół nagłej zmiany strefy czasowej

Kiedy nagle zmieniasz strefę czasową, często odczuwasz psychiczne i fizyczne zmęczenie. Dzieje się tak z powodu zakłócenia rytmu dobowego mózgu i pracy gruczołów wewnątrzwydzielniczych (hormonalnych), do którego dochodzi w wyniku szybkiej zmiany czasu i miejsca.

Sok na zespół nagłej zmiany strefy czasowej

✔ 1 grejpfrut
✔ $^1/_2$ średniego ananasa, obranego, wydrążonego i posiekanego
✔ 4 świeże liście mięty
✔ 1 cm świeżego korzenia imbiru

Umyj, oczyść i posiekaj wszystkie składniki. Włóż je do sokowirówki i przygotuj sok. Wlej sok na pokruszony lód. Pobudza on i regeneruje gruczoły.

Dobre suplementy:
- magnez w tabletkach,
- żeń-szeń, guarana,
- melatonina, którą najlepiej brać 2-3 godziny przed snem.

Zespół objawów przedmiesiączkowych

Zespół objawów przedmiesiączkowych pojawia się u kobiet w ciągu ostatnich dwóch tygodni cyklu menstrualnego. Typowe objawy tego zespołu to:
- zmiany nastrojów, na przykład depresja albo niepokój,
- zmiany osobowości,
- poirytowanie,
- zmęczenie,
- bóle miednicy,
- bóle głowy,
- trądzik i wypryski,
- przybieranie na wadze.

Przyczyny zespołu objawów przedmiesiączkowych:

Przyczyną jest brak równowagi hormonalnej charakteryzujący się względnym niedoborem dwóch kobiecych hormonów (estrogenu i progesteronu) w ciągu jednego z dwóch tygodni przed pojawieniem się krwawienia menstrualnego.

Brak równowagi hormonalnej może być powodowany:

- złym odżywianiem i niezdrowym trybem życia,
- podwiązaniem jajowodów,
- depresją poporodową,
- starzeniem się i wchodzeniem w okres przedmenopauzalny.

Sok na zespół objawów przedmiesiączkowych

✔ 2-3 liście szpinaku albo mniszka lekarskiego
✔ 2 liście sałaty
✔ 1 pomarańcza razem z białym włóknem
✔ 1 średni burak z liśćmi
✔ $^1/_2$ szklanki posiekanej pietruszki albo $^1/_2$ ogórka

Umyj, oczyść i posiekaj wszystkie składniki. Włóż je do sokowirówki i przygotuj sok. Wypijaj około $^1/_2$ litra soku dziennie.

Inne wersje:

Dodaj do soku duży plaster świeżego ananasa, żeby wspomóc regulowanie cyklu menstrualnego. Możesz również dodać jeżyny, ponieważ tonizują cały organizm i łagodzą skurcze menstrualne.

Dobre suplementy i hormony:

- Kobiety, u których objawy przedmiesiączkowe pojawiają się regularnie, powinny przyjmować naturalny progesteron w postaci pastylek albo kremów przez ostatnie dwa tygodnie cyklu menstrualnego. Kiedy rozpoczyna się krwawienie menstrualne, należy zaprzestać brania progesteronu do momentu rozpoczęcia kolejnego cyklu zespołu objawów przedmiesiączkowych.
- Olej lniany tłoczony na zimno.
- Minerały: wapń, magnez, cynk i żelazo.
- Kompleks witaminy B.
- Zioła dla kobiet, takie jak dong quai, lukrecja, pluskwica groniasta, rumianek itp.
- Istnieją specjalne leki w tabletkach dla kobiet, które zawierają mieszankę wszystkich tych substancji odżywczych/ziół.

Zespół przewlekłego zmęczenia

Przewlekłe zmęczenie jest problemem stale przybierającym na sile i nikt nie potrafi znaleźć rozwiązania. Niewątpliwie wyciskane soki mogą pomóc zregenerować układ immunologiczny.

Przyczyny zespołu przewlekłego zmęczenia:

- nawrotowe i/lub przewlekłe infekcje wirusowe,
- ukryte infekcje w organizmie (patrz strona 84),
- zaburzenie równowagi flory jelita grubego związane z inwazją nieprzyjaznych bakterii i drożdżaków,
- źle leczona depresja,
- choroby autoimmunologiczne, które trzeba zdiagnozować i leczyć,

- każda przewlekła choroba,
- zaburzenie czynności wątroby,
- niedobory hormonów w wyniku złego funkcjonowania tarczycy i nadnercza,
- niedobory substancji odżywczych (u kobiet jedną z najczęstszych przyczyn zmęczenia jest niedobór żelaza).

Ważne jest, żeby wzmacniać układ odpornościowy i oczyścić organizm z toksyn. Można tego dokonać, poprawiając funkcjonowanie wątroby poprzez zwiększenie spożycia surowych warzyw i zażywanie silnego środka tonizującego wątrobę w proszku albo w kapsułkach.

Chlorofilowy przebój dodający energii

✔ 1 marchew
✔ $^1/_2$ średniego buraka z liśćmi
✔ 2 liście rzepy
✔ 1 szklanka posiekanej pietruszki (musi być świeża)
✔ 2 liście szpinaku albo kapusty
✔ 2 średnie jabłka ze skórką, wydrążone
✔ $^1/_2$ ząbka czosnku albo mały kawałek imbiru (niekoniecznie)
✔ $^1/_3$ szklanki zielonej pszenicy (nie wszystkie sokowirówki potrafią wycisnąć sok z zielonej pszenicy)

Jeśli to możliwe, używaj organicznych produktów, ponieważ pestycydy mogą nasilić zmęczenie. Umyj, oczyść i posiekaj wszystkie składniki. Włóż do sokowirówki i przygotuj sok.

Inne wersje:

Jeśli wolisz słodszy smak, dodaj 1 gruszkę ze skórką albo 1 brzoskwinię, albo każdy inny owoc pestkowy (w zależności od sezonu). Możesz rozcieńczyć sok wodą albo zimną herbatą ziołową.

Ciemnozielone warzywa i ich liście zawierają dużo chlorofilu, dlatego możesz dodać różyczki i łodygi brokułów, liście mniszka lekarskiego oraz miętę do smaku. Zielona pszenica jest doskonała, ponieważ zawiera bardzo dużo chlorofilu. Ale będziesz potrzebować sokowirówki o naprawdę dużej mocy, żeby otrzymać z niej sok. Kiełki na przykład grochu cukrowego o intensywnym zielonym kolorze także się nadają.

Liście buraków zawierają więcej żelaza niż szpinak, ale nie można przesadzić z ilością, ponieważ zawierają również dużo kwasu szczawiowego, który może wpływać na metabolizm wapnia. Z kolei imbir poprawia trawienie i działa przeciwzapalnie.

Wysokobiałkowy koktajl energetyczny

- ✔ 1 szklanka mleczka sojowego, migdałowego, kokosowego albo owsianego
- ✔ 1 surowe jajko organiczne
- ✔ 1 łyżka sproszkowanej serwatki białkowej
- ✔ 1 łyżka zmielonego siemienia lnianego
- ✔ 1 banan albo $^1/_2$ szklanki świeżych miękkich owoców
- ✔ 1 łyżka sproszkowanego chleba świętojańskiego (niekoniecznie)

Włóż wszystkie składniki do pojemnika robota kuchennego i zmiksuj na gładką masę. W gorący dzień możesz dodać do koktajlu kilka kostek lodu.

Działanie poszczególnych składników soku:

- Jajka zawierają wszystkie substancje odżywcze potrzebne do budowania komórek. Upewnij się jednak, że jajka, których używasz, pochodzą od kur, którym nie podawano hormonów.
- Chleb świętojański stanowi dobre źródło wapnia i białka. Zawarte w nim żelazo i miedź pomagają w budowaniu zdrowych czerwonych krwinek, a magnez regeneruje system nerwowy. Jest naturalnym słodzikiem i ma czekoladowy smak.
- Soja zawiera fitoestrogeny, które wzmacniają układ hormonalny, a mleczko owsiane działa kojąco na system nerwowy.

Przydatne wskazówki:

- Jeśli podejrzewasz, że zaburzenia równowagi hormonalnej powodują u ciebie zmęczenie, poproś lekarza o zbadanie tarczycy i nadnercza. W przypadku zbytniego obciążenia nadnercza konieczna może okazać się zastępcza terapia hormonalna wykorzystująca DHEA, naturalny testosteron albo pregnenolon. Hormony te można dostać w postaci kremu albo pastylek. Zastępcza terapia hormonalna za pomocą tych hormonów może odmienić życie osób z zespołem przewlekłego zmęczenia.

- Suplement magnezu powinien zawierać połączenie orotonianu magnezu, asparaginianu magnezu, cheltu aminokwasowego magnezu i fosforanu magnezu.
- Łykaj tabletki zawierające selen, witaminy E i C oraz cynk.
- Koenzym Q10 może zwiększyć produkcję energii w organizmie.
- Możesz dodawać do soku dobry środek tonizujący wątrobę.

Żylaki

Żylaki to powiększone napuchnięte żyły, przeważnie na nogach i stopach. Hemoroidy to żylaki znajdujące się w prostnicy. Żyły puchną, ponieważ ich ściany słabną i stają się coraz cieńsze. Dochodzi do tego wskutek zwyrodnienia tkanek łącznych w ścianach żył i zwiększonego ciśnienia w żyłach.

Wielu ludzi z żylakami poddaje się operacji polegającej na usuwaniu napuchniętych żył. Jednak trzeba pamiętać, że żylaki często pojawiają się ponownie, jeśli nie wprowadzi się właściwych zmian do diety.

Przyczyny żylaków:

- spowolnione krążenie krwi w żyłach z powodu kiepskiego napięcia spoczynkowego mięśni nóg,
- brak ruchu,
- niedobory przeciwutleniaczy i minerałów niezbędnych do zachowania mocnych ścian żył,
- przekrwienie wątroby,
- zaparcia,
- ciąża zwiększająca ciśnienie w żyłach,
- czynniki dziedziczne (w jednej rodzinie często kilka osób ma żylaki),
- otyłość zwiększająca ciśnienie w żyłach,

- zakrzepy krwi i zatory w głębokich żyłach nóg,
- zmiany hormonalne, takie jak wysoki poziom żeńskich hormonów podczas ciąży albo w wyniku przyjmowania pigułek antykoncepcyjnych, albo silnie działającej zastępczej terapii hormonalnej.

Sok na żylaki i zakrzepy krwi

✔ 125 g jagód albo jeżyn
✔ 125 g malin
✔ 1 cm świeżego korzenia imbiru
✔ $^1/_2$ ząbka czosnku albo $^1/_2$ czerwonej cebuli
✔ 1 grejpfrut razem z białym włóknem

Umyj, oczyść i posiekaj wszystkie składniki. Włóż imbir, czosnek, cebulę i grejpfruty do sokowirówki. Przygotuj sok i przelej go do pojemnika robota kuchennego. Dodaj owoce leśne i zmiksuj na gładką masę.

Powyższy sok wzmacnia ściany żył i rozcieńcza krew. Zmniejsza ryzyko tworzenia się zakrzepów krwi w naczyniach krwionośnych. Owoce leśne zawierają bioflawonoidy, które wzmacniają ściany żył i łagodzą stany zapalne w żyłach. Imbir, czosnek i cebula rozcieńczają krew i poprawiają jej przepływ. Grejpfruty dostarczają witaminę C i bioflawonoidy, które poprawiają krążenie i wzmacniają ściany naczyń krwionośnych.

Szczupła zielona mama mówi...

„Jeśli soki będziesz pił, bez lekarza będziesz żył”.

Rozdział 5

Soki i koktajle zapewniające zdrową rozkosz
(dla dzieci i dorosłych)

Koktajl kokosowo-morelowy
- ✔ 250 g świeżych moreli
- ✔ 1 szklanka mleczka kokosowego (świeżego albo z puszki)
- ✔ 4-6 truskawek albo malin, albo jeżyn

Usuń pestki z moreli, umyj je i zmiksuj w sokowirówce, a następnie przełóż do robota kuchennego. Dodaj mleczko kokosowe i pozostałe owoce. Zmiksuj. Podawaj ze szczyptą startej gałki muszkatołowej i lodem.

Rozkosz z pomarańczami, mango i morelami
- ✔ 125 g moreli
- ✔ 1 duża pomarańcza, obrana ze skóry (zostaw białe włókno)
- ✔ 150 g mango, obranego ze skóry

Umyj owoce, usuń pestki, posiekaj i rozdrobnij w sokowirówce. Uzyskany w ten sposób sok zawiera dużo witaminy C i beta-karotenu. Doskonale pomaga przy problemach ze skórą.

Tropikalna rozkosz
(bezalkoholowa pina colada)
- ✔ 1 szklanka mleczka kokosowego (świeżego albo z puszki)
- ✔ $^1/_4$ świeżego ananasa
- ✔ 4-6 truskawek, jeżyn albo malin

Umyj ananasa, obierz ze skóry i włóż do sokowirówki. Dodaj sok ananasowy do owoców i mleczka kokosowego w robocie kuchennym. Zmiksuj. Podawaj na pokruszonym lodzie.

Pyszny zdrowy koktajl

- ✔ 1 szklanka mleczka sojowego (albo mleczka owsianego, ryżowego czy migdałowego)
- ✔ 1 dojrzały banan
- ✔ 1 łyżeczka zmielonego siemienia lnianego albo tłoczonego na zimno oleju lnianego
- ✔ 1 łyżeczka świeżej zielonej pszenicy
- ✔ 4-6 truskawek albo innych świeżych miękkich owoców

Jeśli chcesz przytyć albo zwiększyć spożycie białka, możesz dodać jedno surowe jajko. Jajko musi być świeże i przechowywane w lodówce, ponieważ jajka mogą zawierać bakterię salmonella.

Włóż wszystkie składniki do pojemnika robota kuchennego i miksuj na gładką masę. Ten wspaniały koktajl pomoże ci wzmocnić układ odpornościowy i poprawi trawienie.

Najlepiej podawać go na kruszonym lodzie.

Owocowa rozkosz

- ✔ 125 g truskawek
- ✔ 125 g malin
- ✔ 125 g jagód

Dokładnie umyj wszystkie owoce i przygotuj z nich sok w sokowirówce.

Koktajl morelowo-bananowy

- ✔ 250 g świeżych moreli (można użyć suszonych moreli, jeśli świeże nie są dostępne)
- ✔ 250 g dojrzałych bananów
- ✔ $^{2}/_{3}$ szklanki mleczka kokosowego (może być z puszki)
- ✔ 1 łyżeczka świeżo wyciśniętego soku cytrynowego

Zostaw morele w wodzie na całą noc (bez względu na to, czy są świeże, czy suszone). Usuń pestki i posiekaj. Włóż do sokowirówki i wyciśnij sok. Jeśli używasz suszonych moreli, po namaczaniu włóż je do pojemnika robota kuchennego.

Zmiksuj w robocie kuchennym banany razem z mleczkiem kokosowym. Dodaj sok morelowy (albo namoczone suszone morele) oraz cytrynowy i miksuj na gładką masę. Koktajl będzie smakował najlepiej podawany na kruszonym lodzie i posypany cynamonem.

Winogronowy nektar

- ✔ 2 kiście winogron (białych albo ciemnych)
- ✔ 2 cytryny, wyciśnięte
- ✔ 500 ml wody
- ✔ 1-2 łyżeczki miodu do smaku

Umyj winogrona i włóż do sokowirówki. Zmieszaj sok winogronowy z sokiem cytrynowym, wodą i miodem. Podawaj na kruszonym lodzie z plasterkiem cytryny.

Pomarańczowy dopalacz

- ✔ 500 ml świeżego soku pomarańczowego
- ✔ 2 łyżki świeżego soku cytrynowego
- ✔ 250 ml wody albo zimnej herbaty pomarańczowej lub cytrynowej
- ✔ 6-8 truskawek albo innych miękkich owoców, przekrojonych na pół
- ✔ miód do smaku

Zmieszaj ze sobą soki i miód. Dodaj owoce, pomieszaj i podawaj.

Koktajl z rodzynek

- ✔ 1 szklanka rodzynek, namaczanych w gorącej wodzie przez całą noc
- ✔ 1 szklanka świeżych winogron
- ✔ 1 pomarańcza, obrana ze skóry

Zrób sok ze wszystkich owoców w sokowirówce. Dodaj wodę, w której moczyły się rodzynki. Ten sok doda ci energii i wprawi w dobry nastrój.

Sok na dzień dobry

✔ 1 szklanka śliwek, namaczanych w 1 szklance gorącej wody przez całą noc
✔ taka sama ilość soku grejpfrutowego (mniej więcej z 1-2 grejpfrutów)

Usuń pestki ze śliwek i zmiksuj razem z wodą w robocie kuchennym. Dodaj wyciśnięty sok grejpfrutowy i trochę miodu, jeśli chcesz.

Ananasowe orzeźwienie

✔ $^{1}/_{2}$ świeżego ananasa
✔ 1 średni grejpfrut, obrany ze skóry
✔ 1 średnie jabłko
✔ 1 cm świeżego korzenia imbiru albo szczypta zmielonego imbiru
✔ 1 łyżeczka miodu

Umyj, obierz i posiekaj owoce oraz imbir, a następnie przygotuj z nich sok w sokowirówce. Na koniec dodaj trochę miodu. Podawaj na pokruszonym lodzie.

Brzoskwiniowa rozkosz

✔ 2 duże brzoskwinie (ewentualnie nektarynki), dojrzałe i nieuszkodzone
✔ 1 cytryna, wyciśnięta
✔ 1 łyżeczka miodu

Usuń pestki z owoców. Pocieraj delikatnie skórę każdej brzoskwini tak długo, aż będzie gładka. Wyciśnij sok za pomocą sokowirówki. Dodaj sok cytrynowy i miód.

Pomidorowy napój orzeźwiający

Włóż do pojemnika robota kuchennego równe ilości świeżych pomidorów (organicznych albo dojrzałych w słońcu), dodaj sok jabłkowy, 2-3 świeże liście bazylii i 4 świeże liście mięty. Zmiksuj. Przed podaniem dodaj około 1 łyżeczki miodu do smaku.

Ci, którzy lubią pikantne potrawy, mogą dodać kilka kropli sosu Tabasco (chili).

Arbuzowy napój orzeźwiający

- ✔ 1 szklanka soku arbuzowego
- ✔ 2 łodygi selera
- ✔ 4-6 liści mięty (szałwia lekarska jest równie smaczna)

Obierz arbuza, zostawiając cienką białą warstwę znajdującą się tuż pod skórą. Posiekaj seler i liście mięty albo szałwii. Włóż wszystko do sokowirówki. Podawaj sok na pokruszonym lodzie.

Pikantny koktajl arbuzowy

- ✔ tyle arbuza, żeby otrzymać 1 szklankę soku
- ✔ 1 średnie jabłko ze skórką
- ✔ $^1/_2$ ogórka
- ✔ $^1/_4$ szklanki soku cytrynowego
- ✔ maksymalnie $^1/_4$ łyżeczki zmielonego ziela angielskiego

Posiekaj owoce oraz ogórek i włóż do sokowirówki. Do przygotowanego soku dodaj sok cytrynowy i ziele angielskie. Pomieszaj. Podawaj na zimno albo na lodzie.

Melonowy mix

- ✔ 375 g arbuza
- ✔ 375 g melona cantaloupe
- ✔ 375 g melona miodowego
- ✔ 1 cm świeżego korzenia imbiru albo $^1/_4$ łyżeczki zmielonego imbiru
- ✔ 2-4 liście mięty

Obierz i posiekaj owoce. Włóż wszystkie składniki do sokowirówki i przygotuj sok. Możesz rozcieńczyć go z wodą w stosunku 2:1. Smakuje równie dobrze z 1 łyżką naturalnego jogurtu sojowego.

Energetyzujący koktajl gruszkowo-jabłkowy

- ✔ 1 dojrzała gruszka
- ✔ 1 jabłko
- ✔ 1 szklanka mleczka sojowego (ryżowego, owsianego albo migdałowego)

- ✔ 1 łyżeczka miodu
- ✔ 1 łyżeczka zmielonej mieszanki siemienia lnianego, pestek słonecznika i migdałów
- ✔ 1 łyżeczka świeżych granulek lecytyny
- ✔ 1 łyżka naturalnego jogurtu sojowego

Użyj dojrzałych, nieuszkodzonych owoców. Umyj i posiekaj wszystkie składniki. Włóż je do pojemnika robota kuchennego i miksuj na gładką masę. Schłódź i podawaj na pokruszonym lodzie, posyp cynamonem.

Koktajl z bananów i owoców męczennicy

- ✔ 1 szklanka mleczka sojowego (ryżowego, owsianego albo migdałowego)
- ✔ 1 dojrzały banan
- ✔ 1 łyżeczka miodu
- ✔ 1 łyżeczka zmielonego siemienia lnianego albo tłoczonego na zimno oleju lnianego
- ✔ 1 łyżka zmielonych migdałów
- ✔ 1 owoc męczennicy (pulpa)
- ✔ 1 łyżka wiórków kokosowych

Włóż wszystkie składniki do pojemnika robota kuchennego i miksuj na gładką masę. Smacznego.

Poranna przekąska

- ✔ 1 szklanka mleczka sojowego (ryżowego, owsianego, kokosowego albo migdałowego)
- ✔ 1 szklanka świeżo posiekanych owoców pestkowych (w sezonie), nieuszkodzonych
- ✔ 1 mały dojrzały banan
- ✔ 1 łyżka tłoczonego na zimno oleju lnianego
- ✔ 1 łyżka zmielonej mieszanki siemienia lnianego, pestek słonecznika i migdałów
- ✔ 1 łyżka lodów sojowych albo 1 łyżka miodu

Usuwamy pestki z owoców i wkładamy wszystkie składniki do pojemnika robota kuchennego. Miksujemy na gładką masę. Ten drink można traktować jako przekąskę albo pić go zamiast posiłku. Można dodać do niego świeże jajko albo sproszkowaną serwatkę, żeby zyskać dodatkową wartość odżywczą. Posyp napój cynamonem i podawaj zaraz po przygotowaniu.

Twój wybór

Te wszystkie przepisy podpowiedzą ci, jak przygotować własny, całkiem nowy napój za pomocą sokowirówki albo robota kuchennego. Jeśli przygotowujesz je na mleku, unikaj nabiału i wybieraj tylko mleczko sojowe, ryżowe, owsiane, migdałowe albo kokosowe. W ten sposób zmniejszysz produkcję śluzu w organizmie. (Niektórzy alergicy nie mogą jeść soi, ale zawsze mogą wybierać z szerokiej gamy innych rodzajów mleka). Jeśli lubisz jogurt, dodawaj do koktajli jogurt sojowy albo niskotłuszczowy jogurt naturalny. Jeśli lubisz lody, kupuj lody sojowe albo beztłuszczowe lody (najlepiej takie, które nie zawierają dodatkowo cukru).

**Ogranicza cię jedynie wyobraźnia,
dlatego popuść jej wodze i wymyśl napój,
który zadba o twoje zdrowie i zapewni ci długowieczność!**

Słowniczek

ANTYBIOTYK
Substancja, która zwalcza infekcje.

BETA-KAROTEN
Prekursor, którego organizm potrzebuje do produkcji witaminy A. Znany także pod nazwą prowitamina A.

BIOFLAWONOIDY
Znajdują się w roślinach razem z witaminą C. Bioflawonoidy pomagają wzmacniać ścianki naczyń krwionośnych i łagodzą stany zapalne.

CHLOROFIL
To pigment, który znajduje się w zielonych roślinach. Oczyszcza i podnosi poziom hemoglobiny we krwi. Ponadto doskonale odżywia uszkodzone komórki.

DROŻDŻYCA
Candida albicans to drożdżak, który występuje w przyrodzie. Często żyje w organizmie człowieka, nie wywołując żadnych dolegliwości. Tym niemniej może zapoczątkować infekcje jelit, skóry i pochwy, jeśli układ odpornościowy jest osłabiony na przykład po leczeniu antybiotykami.

FIBROMIALGIA
Każdy stan zapalny wywołujący bóle mięśni i stawów, a także ich nadwrażliwości i sztywnienie.

FLORA W JELITACH
Żywe mikroorganizmy żyjące w jelitach.

HELIKOBACTER PYLORI
Bakteria, która atakuje ścianę żołądka i dwunastnicy, a także przyczynia się do owrzodzeń.

HEMOGLOBINA
To cząsteczka zawierająca białko i żelazo. Znajduje się w czerwonych krwinkach, które przenoszą tlen z tkanek do mózgu.

KWAS SZCZAWIOWY
Występuje w niektórych roślinach i żywności zawierającej białko. Zbyt wysokie spożycie szpinaku, rabarbaru, herbaty, kawy albo czekolady może prowadzić do powstawania kamieni w drogach moczowych.

NIENASYCONE KWASY TŁUSZCZOWE
Są niezbędne, aby zachować zdrowe komórki. Ciało człowieka ich nie produkuje, ale znajdują się w wielu produktach spożywczych, takich jak ryby, olej rybny, ziarna, orzechy i otrzymywane z nich oleje, a także olej z wiesiołka.

OLEJE OMEGA
To kwasy tłuszczowe, które dzielą się na dwie kategorie: omega-3 i omega-6. Zawierają je niektóre warzywa, orzechy, ziarna, warzywa strączkowe, zboża, ryby i owoce morza. Te nienasycone kwasy tłuszczowe służą jako budulec ścian komórek i są potrzebne do produkcji prostaglandyn.

OSTEOPOROZA
Osteoporoza to postępujący ubytek masy kostnej, do którego dochodzi w wyniku uszczuplania zapasów minerałów. Kości stają się kruche i porowate.

PROANTOCYJANIDYNA
Flawonoidy nadające czerwono-niebieski kolor owocom leśnym. Stabilizują struktury białkowe w ciele człowieka i zapobiegają utlenianiu.

PROSTAGLANDYNY
Naturalne substancje chemiczne, które produkuje organizm człowieka. Przenoszą hormony i kontrolują stany zapalne oraz krążenie.

SYNDROM X
Brak równowagi chemicznej, który sprawia, że organizm zaczyna magazynować tłuszcz. Syndrom X jest jedną z najczęstszych przyczyn tycia i uniemożliwia chudnięcie.

SYSTEM HORMONALNY
Składa się z gruczołów, które produkują i wydzielają hormony.

TOKSEMIA
Zatrucie organizmu spowodowane często zewnętrznymi reakcjami chemicznymi, infekcjami, zespołem przeciekającego jelita i problemami z wątrobą.

ZWYRODNIENIE PLAMKI ŻÓŁTEJ
Zwyrodnienie plamki żółtej będącej częścią siatkówki (z tyłu oka), która odpowiada za dobry wzrok.